교회학교 교사,
어떻게 가르칠 것인가?

초판발행	2018년 6월 15일
초판2쇄	2024년 12월 27일
지은이	이현철
발행인	이기룡
발행처	도서출판 생명의 양식
등록번호	서울 제22-1443호 (1998년 11월 3일)
주소	06593 서울시 서초구 고무래로 10-5 (반포동)
전화	02-533-2182
팩스	02-533-2185
홈페이지	www.edpck.org
북디자인	김빛나리 oopsbitna@naver.com
ISBN	979-11-6166-040-0 (04230)

책값은 뒤표지에 있습니다.

이 책은 저작권법에 의해 보호를 받는 출판물입니다.
기록된 형태의 출판사의 허락이 없이는 무단 전재와 복제를 금합니다.

이 도서의 국립중앙도서관 출판예정도서목록(CIP)은 서지정보유통지원시스템 홈페이지 (http://seoji.nl.go.kr)와 국가자료공동목록시스템(http://www.nl.go.kr/kolisnet)에서 이용하실 수 있습니다. (CIP제어번호: CIP2018018431)

교회학교 교사, 어떻게 가르칠 것인가?

교회학교 교사들의 수업을 변화시킬 실제적인 전략

이현철 지음

생명의 양식
THE BREAD OF LIFE

어떻게 할 것인가? 시리즈

기독교교육, 예배학 교수, 현직 목회자, 어린이 사역 전문가가 함께 고민하여 예배에 대한 전문적인 진단과 실제적인 대안을 제시하는 책입니다.

교회학교 교사, 어떻게 가르칠 것인가?

6		저자 서문
17	1장	다른 세대의 비참함: 안타까운 현실
25	2장	참된 교사는 어떤 이들인가?
47	3장	학생을 생각한다는 것은 무엇인가?
71	4장	학생을 생각하는 교회학교 교사의 수업 전략
163	5장	학생 참여를 위한 수업 노하우 전수
177	6장	'잘할 수 있을까?': 두려운 마음이 드는 교사들에게

저자 서문

교회학교 수업 전략을 말하기에 앞서

Rackley 빌딩 저녁 6시

모두들 부러워하는 내 연구실 문을 닫고 나왔다.

늘 그 시간에 청소를 하는 Beki와 인사를 나눴다. 평소 같으면 이런 저런 애기를 하고 서로를 격려했겠지만 오늘은 그녀와 "Good night"의 짧은 멘트와 웃음으로 마무리하고 빛의 속도로 건물을 빠져나왔다.

그 이유는 오늘 아침 무슨 일인지 아내가 나에게 10불이나 주었고(분명 잔돈이 없어 큰 돈을 주었을 것이다.), 그 돈으로 FIVE GUYS 햄버거를 먹기 위해서였다. 점심도 집에서 가져간 샌드위치를 먹었기에 무척이나 배가 고팠다. 투박한 봉지에 두툼한 햄버거와 땅콩을 생각하니 벌써부터 기분이 좋다.

항상 친절한 직원에게 5불 39센트 베이컨 치즈버거를 외치고, 토핑은 엄청 큰 소리로 "Everything"이라고 외쳤다. 언제나 본전 뽑을 기세다.

기다리는 시간이 지루하다. 지루하다. 지루하다….

드디어 내 번호를 부른다.

벌써부터 준비하고 있었던지라 직원도 나를 보며 웃는다. 늘 내가 앉는 자리에서 종이를 펴고, 케첩을 준비하고, 한입 크게 햄버거를 물고자 심호흡을 한다. 이제 먹어야지라고 있는 힘껏 입을 벌리는 순간!

"우우우우웅"

폴더 휴대폰이 진동을 한다. 짜증이 난다. 받을까말까 고민했다.

Sam이다. Sam은 PennState의 대학원생이며, 늘 열심히 공부하는 연구자이다. 그리고 지역교회를 열심히 봉사하는 성실한 신앙인으로서 수지, 엘리, 조이라는 이름을 가진 세 딸의 아버지이다.

"혀언출(hyunchul)"

외국인이 발음하는 특유의 어색한 내 이름이 휴대폰을 통해 들린다. 그래도 안 되는 발음으로 힘겹게 내 이름을 불러주니 고맙다.

내일 자신의 교회에서 아이들을 초청해서 킥볼을 하는데 시간이 되면 오라는 것이다. 마침 준비하고 있던 미국 다인종 교회 연구[1]도 있었기에 당연히 가겠다라고 말하고, 이어서 이런 애기 저런 애

---

1 해당 연구는 미국 Liberty University, Department of Psychology의 Dr. Jichan, Kim 교수와 함께 수행하였으며, 『*A Qualitative Approach to Ministries and Church Education in Multicultural/ethnic Churches in the U.S.: From "Melting Pot" to "Salad Bowl"*』로 출판되었다.

기를 하고 나니 내 햄버거는 'Everything'의 야채들을 이기지 못하고 터져버려 있었으므로, 햄버거를 향한 나의 뜨거운 열정도 함께 식어버렸다.

아내와 함께 우리 아파트에서 10분 정도 떨어진 Sam의 교회에 약속 시간 보다 조금 일찍 도착하였다. 벌써 Sam과 몇몇 교사들은 엄청나게 큰 바비큐 그릴을 준비하고 있었고, 나에게는 Walmart에서 1불에 파는 핫도그 빵과 소세지를 정리해 달라고 부탁하였다.

나의 관심은 온통 바비큐 그릴에 가있다. 나도 언젠가 저것을 사서 꼭 고기를 구워먹어야지. TJ maxx에서 삼백 몇 십 불에 나왔던데…. 생각의 꼬리가 물고 문다. 지금 당장 지갑에는 10불도 없으면서 말이다.

교회학교 교사들은 오늘 동네 여러 아이들을 초청하여 킥볼 행사를 치룬다는 것에 벌써 흥분이 되어 있었고, 안 그래도 이벤트가 없는 이 동네에서 아이들에게 즐거운 행사 하나를 진행할 것이라는 기대감에 웃음이 만발하였다.

Sam이 주축이 되어 일은 착착 진행되고 있었으며, Sam의 둘째 딸 엘리는 "Dr. Lee, Dr. Lee"를 외치며 핫도그를 빨리 준비하라고 성화를 보냈다.

6시쯤 되자 교회 주차장으로 차들이 들어오기 시작한다. 부모들과 함께 온 아이들은 차에서 내리자마자 잘 관리된 교회 마당의 잔디로 뛰어간다. Sam은 어디서 구했는지 야구 플레이트를 적당한 거리에 맞추어 두고, 팀별로 나눠 우리식의 발야구를 시작했다.

교사들과 아이들은 열심히 뛰고, 뒹굴고, 웃고, 아이들에게

Sam과 교사들은 최고의 친구가 되어 있었다. 나도 열심히 뛰었다. 그날따라 이상하게 공만 차면 홈런이다. 달리고, 달리고, 아이들은 즐거운 비명을 지를 뿐이다.

시간이 어느덧 흘렀다. Sam이 마지막 이닝을 외친다. 인형 같은 아이들의 눈에는 아쉬움이 가득하다. 시합이 끝이 나고 준비된 핫도그, 음료수, 그리고 몇 가지 과자를 먹는다. 비싸고 화려한 것이 아니다. 그래도 아이들은 즐겁다. 자신의 선생님들의 팔에 안기고, 장난치고, 정신이 없다. 나만 10번 이상 똑같은 대사를 반복한다. "I'm Hyunchul Lee, Sam is my friend…."

Sam의 교회는
시설도 좋지 않다. 그저 넓은 잔디밭이 있을 뿐이다.
더욱이 재정도 넉넉하지 못해 1불짜리 핫도그 빵을 먹는다.
그래서 잘나가는 부유층 아이들에게 그저 킥볼을 준비할 뿐이다.

그러나 그들에게는 자신의 주말을 기꺼이 내어놓으며 학생들을 생각하는 헌신된 교사가 있었다. 그들에게는 팔이 부서져라 아이들을 안아주는 사랑의 교사가 있었다. 그들에게는 참된 교사가 있었다.
아이들을 위해서라면 무엇이라도 할 준비가 된 교사들이었다. 자신의 삶 가운데 가장 소중한 시간을 아이들을 위해 사용하리라 다짐하는 교사들이었다. 아이들은 교사를 통해 말씀을 배우고, 하나님을 아는 지식이 커가고 있었다. 그런 최고의 교사들이 있었다.

순간 나는 내가 가장 중요한 하나를 잊고 있었다는 것을 깨달았다. 한국 교회학교의 참담한 현실 앞에서 내가 놓치고 있었던 것을 한 여름 저녁 이국만리 미국땅에서 깨닫게 되었다.

우리의 문제는 학생의 절대적인 수 감소, 콘텐츠, 교회와 교회학교의 사회적 신뢰도, 세대, 입시문제, 그리고 교회 내 딜레마 등으로 무수히 많지만 그것은 참된 교사 앞에서는 아무런 문제가 되지 않는다. 그저 우리 상황에 대한 논리적이고 합리적 이유일 뿐, 우리 상황의 근본적 변화를 막을 만한 이유는 아니다.

참된 교사라면 교회학교 학생들의 절대적 수 감소와는 상관없이 자신의 현장에서 아이들을 섬길 것이다. 참된 교사라면 교회의 떨어진 사회적 신뢰도는 자신과 별개의 문제일 것이다. 참된 교사라면 변화무쌍한 이 세대를 초월하여 그들에게 다가갈 수 있을 것이다. 참된 교사라면 입시문제 앞에서 떨고 있는 아이들에게 담대한 용기를 줄 수 있을 것이다. 참된 교사라면 자신의 교회가 가지고 있는 내·외적인 맥락을 초월하여 아이들을 섬길 수 있을 것이다.

참된 교사라면…. 참된 교사라면…. 고매하신 우리 주, 예수 그리스도의 신실한 종과 도구가 되어 교회학교를 살릴 수 있을 것이다. 이들은 우리가 직면하고 있는 두려운 상황을 초월하고, 불가능해 보이는 현실을 극복하는 '최고의 교회학교 교사'가 될 수 있는 것이다.

교회학교 교사들은 언제나 있었다. 한국교회에 교사들이 없었던 적은 단 한번도 없었다. 오히려 과거보다 지금 교사들의 수는 늘 어났으며, 교사를 하고자 하는 이들도 많아졌다. 매년 교사로서 자신을 헌신하는 자들이 있으며, 하나님 앞에서 자신의 삶을 드리고자 나아가는 교사들 있다.

그러나 우리의 현실은 어떠한가? 왜 교사들이 존재하고 있지만 교회학교의 모습이 과거와 별반 다르지 않은가? 왜 하나님 앞에서 뜨거운 열정을 가지고 나아가는 교사들이 있지만 아이들은 변화되지 않으며, 교회학교의 수준은 발전하지 않는 것일까?

20대 초 학부시절, 책을 통해 나의 마음을 뜨겁게 해 주신 이재철 목사님은 한 신학교의 강단에서 젊은 세대들을 향하여 '현존하는 미래'라는 표현을 사용하였다. 현존하는 미래는 그들이 시대의 미래이고, 오늘을 살아가는 그들의 모습이 미래의 모습이라는 의미에서 사용하였던 것이다. 참으로 그러하다. 참으로 그런 맥락에서 그 의미에 동의한다. 이재철 목사님은 한국교회의 현존하는 미래로서 특별히 목사 후보생들을 대상으로 현존하는 미래라는 의미를 사용하셨지만, 그 의미는 비단 목사 후보생들에게만 국한하는 것은 아니다.

한국교회의 모든 청소년들도 우리의 현존하는 미래이다. 그리고 그들이 현존하는 미래로서 살아갈 수 있도록, 현존하는 미래로서 하루하루를 준비할 수 있도록 도움을 줄 수 있는 자들이 바로 교회학교 교사들이다. 아이들이 자신들의 존재를 깨닫고, 자신들이 어떠한 존재로서 살아갈 수 있는지를 일깨워주는 것이 교사의 역할이다.

교회학교 교사는 그만큼 중요하다. 교회학교 교사는 현존하는 미래로서의 아이들에게 뿐 아니라 교회학교가 직면하고 있는 여러 상황들에서 핵심적인 키(key)이다. 교회학교 교사가 어떠한 존재가 되어야하며, 그들이 어떠한 모습을 지향하고 있는가에 따라 이 모든 것이 달라질 수 있기 때문이다. 그 중요한 역할을 교사들이 담당하고 있는 것이다. 그래서 교회학교 교사들이 희망인 것이다.

이 책은 교회학교의 희망인 교사들을 위해서 그들의 사역과 섬김을 어떻게 하면 실제적으로 도울 수 있을까하는 문제의식에서 시작하였다. 특별히 교사중심의 전통적인 교회학교의 수업방식을 탈피하고 학생을 고려하고, 학생의 입장에서 재미있고, 흥미 있게 하나님의 말씀을 가르칠 수는 없을까를 고민한 결과물이다. 그리고 교회 학교 현장의 교사들이 이해할 수 있도록 가능한 쉽게 그리고 딱딱하지 않게 구성하고자 노력하였다.

하지만 교육방법 이론들이 등장하는 제3장과 제4장에서는 교육학적인 수업방법 그리고 전략들의 이론들과 관련한 정의와 과정들을 설명하기 위해서 다소 학술적인 논의들을 할 수밖에 없었다. 주어진 상황 속에서 교회 현장의 교사와 평신도들이 쉽게 이해할 수 있도록 최선을 다해 노력하였으나 많은 한계를 느꼈다. 이 과정을 통해 어떻게 하면 성도들을 섬기며, 좀 더 현장지향적인 연구를 할 수 있을까 고민하며 반성하는 시간을 보낼 수 있었다. 또한 앞으로 현장 교사들을 위한 실천적인 학문을 더욱 추구해야겠다고 다짐하였다. 현장에서 사역하는 여러 교회학교 교사들과 성도들에게 쉽게 다가가지 못한 내용과 부분들이 있다면 모두 필자의 부족함에서 연유하는 사항들이다.

구체적으로 각 장들의 내용을 살펴보면 '1장 다른세대의 비참함'에서는 신앙교육의 중요성을 강조하고자 하였으며, '2장 참된 교사는 어떤 이들인가?'에서는 참된 교사가 지향해야 할 자질과 특징을 데살로니가전서 2:1-12의 말씀을 중심으로 정리하고자 하였다. 1장과 2장은 본질적으로 교회학교 교사가 반드시 기억하고 붙잡아야 할 사항으로 하나님의 정확무오한 말씀에 기반하여 강조하고자 하였다. 이러한 측면을 놓치게 된다면 교회학교 교사로서의 사역과 섬김은 무의미해지기 때문이다.

그리고 '3장 학생을 생각한다는 것은 무엇인가?'에서는 4장에서 다룰 수업 전략을 살펴보기 전에 학생을 고려한다는 것이 무슨 의미이고, 이것이 무엇을 전제로하여 이루어지는가와 관련된 기본적인 내용을 담고자 하였다. 이 과정에서 성경적 인간관에 기반하여 학생을 어떻게 바라볼 것인가에 대한 사항을 간략하게 다루었다.

'4장 학생을 생각하는 교회학교 교사의 수업 전략'은 교회학교 교사들의 수업 개선과 전략 구성을 위한 실제적인 접근법들을 제시하고자 하였다. 이를 위하여 최신의 다양한 교육방법들을 설명하고,

이를 구체적으로 자신의 수업에 적용할 수 있도록 구성했다. 이는 교사들의 교회학교 사역과 수업 전반의 접근 방식들을 새롭게 구성하는 데 좋은 기초 자료가 될 것이다.

'5장 학생참여를 위한 수업 노하우 전수'는 학생 참여를 이끌어내기 위한 실제적인 수업 노하우와 프로그램 8가지를 소개하였다. 해당 장은 학생들의 자연스러운 참여를 이끌어내기 위하여 교회학교 교사들이 활용할 수 있는 구체적인 수업 팁으로 자신의 수업에서 창의적으로 수정·보완하여 활용하면 좋겠다.

'6장 잘할 수 있을까?: 두려운 마음이 드는 교사들에게'는 다양한 수업 전략을 확보한 교회학교 교사들에게 자신감을 주고, 변화를 적극적으로 시도해 볼 것을 격려하기 위하여 구성하였다. 또한 교사들이 어떠한 역할로서 자리매김해야 할 것인가에 대해 다루었다. 교사들은 두려워할 필요가 없으며, 하나님 앞에서 신실한 교사들의 헌신과 사명감을 통해 하나님께서 인도하실 것을 확신한다.

우리 모두 교회학교 현장 속에서 교사들이 얼마나 중요한 존재들인가를 알고 있다. 교사들의 전문성과 성장은 교회학교 교육의 질과 직접적으로 관련되어 있다. 부디 이 책이 교회학교의 희망으로서 교사들의 사역에 작은 보탬이 되길 소망한다. 그리고 이 책을 통해 한국의 교회학교 교사와 학생들 모두 하나님 앞에서 더욱 풍성하고 행복했으면 좋겠다. 또한 어려운 출판 상황에도 불구하고 한국교회를 향한 열정으로 출판을 허락해주신 총회교육원 원장님 그리고 모든 연구원과 관계자들께 깊은 감사의 마음을 전한다. 삼위 하나님의 은총이 모든 교회학교 교사들과 우리의 다음세대들에게 가득하길 기도한다.

Soli Deo Gloria

2018년 5월 영도의 푸른 바다를 바라보며

이 헌 철

1장

다른 세대의 비참함 : 안타까운 현실

⁶ 전에 여호수아가 백성을 보내매 이스라엘 자손이 각기 그들의 기업으로 가서 땅을 차지하였고
⁷ 백성이 여호수아가 사는 날 동안과 여호수아 뒤에 생존한 장로들 곧 여호와께서 이스라엘을 위하여 행하신 모든 큰 일을 본 자들이 사는 날 동안에 여호와를 섬겼더라
⁸ 여호와의 종 눈의 아들 여호수아가 백십 세에 죽으매
⁹ 무리가 그의 기업의 경내 에브라임 산지 가아스 산 북쪽 딤낫 헤레스에 장사하였고
¹⁰ 그 세대의 사람도 다 그 조상들에게로 돌아갔고 그 후에 일어난 다른 세대는 여호와를 알지 못하며 여호와께서 이스라엘을 위하여 행하신 일도 알지 못하였더라
〔사사기 2:6-10〕

1장 다른 세대의 비참함
: 안타까운 현실

사사기 2장 6-10절의 흥미로운 성격

사사기 2장 6-10절은 사사기 전체의 구조 속에서 아주 독특한 위치에 자리 잡고 있다. 특별히 본문은 사사들이 활동하였던 이스라엘의 시대가 어떠한가를 단적으로 보여주는 기능을 하며, 여호수아서에서 보여주었던 믿음과 신앙의 시대와는 완전히 다른 전개가 될 것임을 강력하게 시사하는 대목이기도 하다. 그리고 한걸음 더 나아가 1차 수신자들에게 그들의 실패가 어디에서 연유하고 있는가를 알려주는 역할을 하고 있는 흥미로운 부분이다. 실제로 사사기 2장 6-10절은 사사기 전체의 구조로 볼 때도 그들의 실패를 보여준다. 그들은 1장 1절-2장 5절까지 가나안 정복을 실패하였고, 사사기 2장 6-10절에서는 하나님을 버리는 배교를 보여주고 있다. 또한 사사기 2장 6-10절 이후 특히 3장 이후부터는 우리가 잘 알고 있듯이 여러 사사들의 활동을 언급하며, 사사기 특유의 죄의 악순환을 기록하고 있다.

흐름의 변화

이러한 사사기의 전체적인 맥락을 이해하면서 구체적으로 사사기 2장 6-10절을 살펴보자. 우선 먼저 6-7절이다.

[6] 여호수아가 백성을 보내매 이스라엘 자손이 각기 그들의 기업으로 가서 땅을 차지하였고 [7] 백성이 여호수아가 사는 날 동안과 여호수아 뒤에 생존한 장로들 곧 여호와께서 이스라엘을 위하여 행하신 모든 큰 일을 본 자들이 사는 날 동안에 여호와를 섬겼더라

사사기에서는 여호수아를 통한 하나님의 신실하신 약속의 이행과 땅의 정복을 기술하고 있다. 또한 하나님의 은혜를 알고 있는 이들이 살아있는 동안에는 하나님 앞에서 신실하게 살아갔음을 보여주고 있다.

하지만 이 신앙과 영적인 흐름의 변화가 생기는데 그것이 8-10

절 초반까지이다.

> [8] 여호와의 종 눈의 아들 여호수아가 백십 세에 죽으매 [9] 무리가 그의 기업의 경내 에브라임 산지 가아스 산 북쪽 딤낫 헤레스에 장사하였고 [10] 그 세대의 사람도 다 그 조상들에게로 돌아갔고…

하나님의 은혜를 알고 있던 이들이 죽고, 장사되어 그 세대의 모든 이들이 조상들에게 돌아갔다. 이스라엘 백성들을 이끌던 여호수아가 죽고, 그들을 이끌던 그 시대의 신앙의 지도자들이 사라진 것이다. 이러한 결과에 대하여 사사기는 10절 하반절에서 이렇게 언급하고 있다.

> [10] 그 후에 일어난 다른 세대는 여호와를 알지 못하며 여호와께서 이스라엘을 위하여 행하신 일도 알지 못하였더라

10절에서 보여주는 이 상황은 이스라엘에게 있어서는 매우 심각한 상황이다. 이는 단순하게 세대가 변화하였다는 의미를 넘어 하나님과의 언약 속에서 신실하게 살아가야 할 하나님의 백성들이 사라진 것을 의미하며, 그들이 언약을 성실하게 이행하지 못할 것을 의미한다. 그리고 궁극적으로는 하나님께서 허락하신 약속의 땅에서 신앙적으로 충만하게 살아가야 할 이들이 사라져버린 것을 의미하는 것이다. 참으로 안타까운 상황인 것이다.

다른 세대의 등장과 비참함

그러면 그 신앙 세대의 자리를 누가, 어떤 이들이 대체하게 되었는가? 바로 '다른 세대'로 표현되는 이들이 그 자리를 대체한 것이다. 다른 세대, 그들은 아주 다른 상황에 있는 자들이다. 그들은 이전 세대에 비하여 매우 비참함 상태에 있는 자들이다. 왜 그러한가? 그 다른 세대의 특징이 무엇이기에 비참한 상태에 있다는 것인가?

첫째로, 다른 세대의 문제는 '하나님을 알지 못하는 존재'가 되었다는 것이다. 그 다른 세대들은 하나님께서 이스라엘을 위해 행하신 일들에 대해서 알지 못하는 존재가 된 것이다. 본질적으로 그들은 이스라엘의 하나님에 대해서 전혀 알지 못하는 이들이 된 것이다. 이미 이와 관련하여 여호수아는 그들이 하나님을 잊지 않도록 여호수아 4장에서 하나님의 주권적인 사역과 은혜에 대하여 끊임없이 교육해야 함을 강조하였으며, 매우 구체적으로 지시를 내렸다. 이를 여호수아 4장 6절 이후와 21절 이후에서 명확하게 확인할 수 있다. 6절 "이것이 너희 중에 표징이 되리라 후일에 너희의 자손들이 물어 이르되 이 돌들은 무슨 뜻이냐 하거든" 이후 그리고 21절 "이스라엘 자손들에게 말하여 이르되 후일에 너희의 자손들이 그들의 아버지에게 묻기를 이 돌들은 무슨 뜻이니이까 하거든" 이후이다. 만약 그들에게 여호와 하나님에 대한 강조와 교육이 있었더라면 그들의 다음세대들은 하나님을 알 수 있었는데 그들은 그 교육과 전수에 실패하였고, 결국은 그것을 달성하지 못한 것이다.

둘째로, 다른 세대의 문제는 하나님과의 '언약적 영속성을 상실한 존재'가 되었다는 것이다. 이와 관련하여 여호수아 24장을 살펴보아야 한다. 24장에서는 여호수아와의 언약적 상황을 살펴볼 수 있다. 그들에게는 하나님과의 놀라운 언약과 그것의 갱신이 존재하였다. 그들은 여호수아 24장에 기록되어 있는 언약과 참된 신앙을 영속적으로 이어갈 수 있는 특권과 은혜를 누릴 수 있는 존재들이었다. 하지만 사사기 2장에서는 그 여호수아 24장이 언약과 참된 신앙을 성실하게 이행하거나 이어받은 존재들이 없다. 안타깝게도 그러한 자들이 사라졌다! 그들은 참으로 비참한 상황을 만들었다. 그야말로 "자기의 소견에 옳은 대로 살아가는 이들"이 되었다.

왜 다른 세대가 나타나게 되었는가?

다른 세대가 등장하게 된 이유에 대하여 다양하게 해석이 가능하겠지만 우리 모두의 선생님이신 박윤선 박사님의 설명에 나는 강력하게 동의하는 바이다. 박윤선 박사님은 이 문제와 관련하여 "신앙교육의 부재"를 강력하게 지적하고 있다. 다음은 박윤선 박사님의 해당 절에 대한 주석 내용이다.

"이것을 보면 인생은 올바른 영적 교육을 받아야 하나님을 알게 된다. 신자의 가정에서 자라난 자녀들이라고 하여 그들이 자동적으로 하나님을 알게 되거나 신앙생활을 하게 되는 것은 아니다"

이스라엘 백성들은 그들의 신앙교육에 실패하였던 것이다.
이와 관련하여 우리는 어떠한가? 나의 교회는 어떠한가? 나의 가정은 어떠한가? 나의 자녀들은 어떠한가? 우리는 신앙교육에 집중하고 있는가?
만약 우리가 신앙교육에 실패하고 있다면 우리의 다음 세대도 참된 신앙을 잃어버리고 사라지게 되는 것은 아닐까? 생각만하여도 두렵고 떨리는 내용이다.
그럼 교회학교 교사로서 어떻게 해야 할까? 무엇을 해야 할까? 어디서부터 살펴보아야 할까? 단순하게 교사의 소명 혹은 교사의 비전과 같은 구호로 가슴만 뜨거워질 것이 아니라 구체적으로 우리가 어떻게 할 수 있는가를 살펴보아야 할 시대가 지금의 이 시대이다. 교회학교 교사가 무언가를 구체적으로 해야 할 시대이다.

2장

참된 교사는 어떤 이들인가?

¹ 형제들아 우리가 너희 가운데 들어간 것이 헛되지 않은 줄을 너희가 친히 아나니
² 너희가 아는 바와 같이 우리가 먼저 빌립보에서 고난과 능욕을 당하였으나 우리 하나님을 힘입어 많은 싸움 중에 하나님의 복음을 너희에게 전하였노라
³ 우리의 권면은 간사함이나 부정에서 난 것이 아니요 속임수로 하는 것도 아니라
⁴ 오직 하나님께 옳게 여기심을 입어 복음을 위탁 받았으니 우리가 이와 같이 말함은 사람을 기쁘게 하려 함이 아니요 오직 우리 마음을 감찰하시는 하나님을 기쁘시게 하려 함이라
⁵ 너희도 알거니와 우리가 아무 때에도 아첨하는 말이나 탐심의 탈을 쓰지 아니한 것을 하나님이 증언하시느니라
⁶ 또한 우리는 너희에게서든지 다른 이에게서든지 사람에게서는 영광을 구하지 아니하였노라
⁷ 우리는 그리스도의 사도로서 마땅히 권위를 주장할 수 있으나 도리어 너희 가운데서 유순한 자가 되어 유모가 자기 자녀를 기름과 같이 하였으니
⁸ 우리가 이같이 너희를 사모하여 하나님의 복음뿐 아니라 우리의 목숨까지도 너희에게 주기를 기뻐함은 너희가 우리의 사랑하는 자 됨이라
⁹ 형제들아 우리의 수고와 애쓴 것을 너희가 기억하리니 너희 아무에게도 폐를 끼치지 아니하려고 밤낮으로 일하면서 너희에게 하나님의 복음을 전하였노라
¹⁰ 우리가 너희 믿는 자들을 향하여 어떻게 거룩하고 옳고 흠 없이 행하였는지에 대하여 너희가 증인이요 하나님도 그러하시도다
¹¹ 너희도 아는 바와 같이 우리가 너희 각 사람에게 아버지가 자기 자녀에게 하듯 권면하고 위로하고 경계하노니
¹² 이는 너희를 부르사 자기 나라와 영광에 이르게 하시는 하나님께 합당히 행하게 하려 함이라

[데살로니가전서 2:1-12]

2장 참된 교사는 어떤 이들인가?

바울의 상황적 맥락

　　데살로니가전서 2장 1-12절은 독특한 맥락을 가지고 있다. 이 부분의 맥락을 살펴보기 전에 사도행전 17장 1-9절의 내용을 선험적으로 살펴볼 필요가 있다. 사도행전 17장은 바울과 그 일행이 왜 데살로니가 지역을 떠나게 되었는지에 관한 이유를 명확하게 밝히고 있다.
　　요약하면 바울은 짧은 기간이었지만 사역을 열정적으로 진행하였고, 사역의 큰 열매들이 있었으며, 그로인해 유대인들이 바울의 사역을 훼방하였다. 나아가 그들은 바울을 로마의 반역자로 몰

았기에 더 이상 그 지역에서 사역하기가 어려워졌다. 결국 바울은 데살로니가를 떠나 베뢰아로 갈 수밖에 없었다.

이러한 일련의 과정에서 재미있는 상황이 발생하게 되는데, 사도행전 17장에 나오는 바울과 그 일행들의 상황과 맥락을 온전히 이해하지 못한 데살로니가 사람들과 성도들이 존재했을 가능성이 있다는 것이다. 실제로 그러한 맥락을 온전히 파악하지 못한 데살로니가 교회의 구성원들은 몇 가지 이상한 질문들과 오해를 하였다.

그 이상한 질문들과 오해는 "왜 바울 일행이 황급하게 우리 데살로니가 지역을 떠났는가?", "바울과 일행에게 어떤 문제가 있는 잘못된 이들이었는가?" 나아가서 "그들이 전한 복음이 이상한 것이었는가?" 등이다. 그리고 데살로니가 사람들과 성도들이 이러한 좋지 못한 질문과 소문들이 돌고 있다는 것에 대해서 바울은 구체적으로 변호할 필요가 있었다. 이것이 데살로니가전서 2장 1-12절에 자리 잡고 있는 맥락이다.

만약 이 부분에 대한 바울의 명확한 설명이 이루어지지 않는다면 바울이 전한 복음이 훼손될 수 있었으며, 그곳에서 진행되고 있는 여러 사역과 후속적인 활동에 큰 장애가 생기는 상황이었다. 그래서 바울은 강력하게 자신을 변호해야만 했고, 그 변호를 데살로니가전서 2장 1-12절에서 기술하고 있는 것이다. 즉, 자신이 사역하였던 맥락을 회고적으로 소개하며, 자신이 거짓을 말하는 것이 아니며, '이상한 자'도 아님을 강조하고 있다.

이러한 본문 데살로니가전서 2장 1-12절의 맥락적 의미는 복음의 사역자요, 교사인 우리에게도 주요한 시사점을 준다. 바로 바울이 사역하였던 맥락 속에서 참된 사역자와 교사의 모습, 신앙교사의 원리와 특징들이 확인되는 것이다. 이는 교회학교 교사인 우리들에게는 은혜의 보고인 것이다. 구체적으로 이 은혜의 내용들을 살펴보자.

참된 교사란?

참된 교사는 현장에 들어가는 자

형제들아 우리가 너희 가운데 들어감이 헛되지 않은 줄을 너희가 친히 아나니 너희 아는 바와 같이 우리가 먼저 빌립보에서 고난과 능욕을 당하였으나 우리 하나님을 힘입어 많은 싸움 중에 하나님의 복음을 너희에게 말하였노라(살전 2:1-2)

참된 교사는 현장에 들어가는 자이다. 바울과 동료들이 강조하고 있는 것은 데살로니가인들에 의해 그들이 영접 받은 것이 아니라 주도적으로 데살로니가 성도들의 삶 깊숙하게 들어갔다는 것이다. 그리고 그들의 들어감이 '겉으로만 한 것'이 아니라 직접 삶의 현장에서 데살로니가인들과 깊이 있게 소통하였음을 강조하고 있다.

특별히 바울과 동료들의 모습은 데살로니가전서 1장 5절에서 확인할 수 있듯이 '너희에게 말로만 이른 것이 아니라 능력과 성령과 큰 확신'으로 그들의 삶의 현장에 들어간 것이다. 그들과 함께 울고, 그들과 함께 웃으며, 짧은 시간이었지만 깊숙이 그들의 삶의 현장에 들어갔다.

참된 교사는 우리의 사역 대상자들인 아이들의 삶의 현장에 깊이 있게 들어가는 교사이다. 대부분의 교사들은 아이들과 단순히 만날 뿐이지 아이들 특유의 생활 현장에는 들어가지 않는다.

다시 말하면 대부분의 교사들은 표면적이고 피상적인 수준에서 학생들과 만나고 있다. 단지 일주일에 한 번 만나고, 가끔 문자 주고받고, 단톡방에 이모티콘 정도 올리고 있는 것이다. 나머지는 자신의 삶을 살아가는 것에 바빠 아이들의 삶에 깊이 있게 침투하고 있지 못한 상황이라는 것이다. 아이들이 지금 무엇을 하고 있으며, 어떤 고민이 있으며, 누구와 만나고, 누구로부터 상처를 입고, 어떤 이들에게 영향을 받고 있는지 전혀 모르고 있다. 그저 올해 반이 편성되어 만나는 피상적인 만남만 이루질 뿐이다. 이는 참된 교사의 모습이 아니다.

참된 교사는 아이들의 삶의 현장에 들어가는 교사이다. 아이들의 삶 깊숙이, 아이들의 생활 현장에 파고드는 교사이어야 한다. 물론 현장에 직접 깊숙이 들어가면 고난과 어려움이 따라온다. 현장 속으로 들어가지 않으면 아무런 문제가 없는데 정말로 현장에 들어가게 되면 어려움을 만나게 된다. 하지만 그 고난 가운데 하나님을 힘입어 그것을 감당해야 하는 것이 우리의 사명이 아니겠는가! 지금 교사들은 어디에 앉아 있는가? 하나님께서 맡겨주신 아이들의 삶의 현장으로 깊숙하게 들어가야 할 것이다.

참된 교사는 진정성이 있는 자

> 우리의 권면은 간사에서나 부정에서 난 것도 아니요 궤계에 있는 것
> 도 아니니라(살전2:3)

참된 교사는 진정성이 있는 자이다. 바울이 데살로니가인들에게 전한 모든 것은 진정성을 바탕으로 이루어진 것이다. 그러면 그 진정성이 무엇인가? 칼빈은 이 구절의 주석에서 바울의 이 고백은 그의 '가르침'에 어떠한 '간사'도 없었으며, 그의 '마음'에 어떠한 '부정'도 없었으며, 그의 '행동 양식과 삶'에 어떠한 '궤계'가 없었음을 의미한다고 해석하고 있다.

가르침에 간사가 없었다는 것은 바울이 전한 복음이 거짓과 오류가 없었다는 뜻이다. 살아계신 하나님에 대하여, 예수 그리스도의 십자가와 부활에 대하여, 그리고 인간 존재의 의미에 대하여 흠 없이 전하였다는 의미이다. 그리고 그의 마음에 모든 것이 부정에서 나온 것이 아니라는 것은 인간적 야망과 세속적 가치에 의해 데살로니가인들에게 다가간 것이 아니었던 것을 의미한다. 또한 바울은 그의 행동 양식과 삶에 어떠한 '궤계'가 없었다는 것은 그가 어떠한 속임수나 악의가 없었으며, 복음전파자에 합당한 순결함을 유지하고 있었다는 것이다. 그야말로 바울은 데살로니가인들에 대하여 진정성 있는 삶을 살았다.

우리가 교회학교 교사로서 아이들을 양육하고 부흥시키고자 하는 근본적 동인은 무엇인가? 교회학교 교사로서 바르지 못한 마

음을 가지고 아이들을 대하고 있는 것은 아닌가? 한편으로 우리는 교회학교 교사로서 거짓된 삶을 살고 있지는 않는가? 그것은 다른 것이 아니라 '실제적으로 분반공과 교재에 나오는 신앙적인 삶을 살고 있지도 못하면서 아이들에게 그런 삶을 살아야 한다고 이야기 하고 있지는 않는가? 우리는 주일 새벽까지 방탕한 삶을 살다가 급하게 주일 아침 예배에 참석하고 아이들을 만났지만, 아이들에게는 방탕한 삶을 살지 말라고 이야기하고 있지는 않는가?'와 같은 삶의 문제를 말한다.

참된 교사의 삶은 '우리에게 진실하게 다가오신 예수 그리스도'와 같이 진실하게 아이들에게 나아가는 것이다.

참된 교사는 하나님을 기쁘시게 하는 자

오직 하나님의 옳게 여기심을 입어 복음 전할 부탁을 받았으니 우리가 이와 같이 말함은 사람을 기쁘게 하려 함이 아니요 오직 우리 마음을 감찰하시는 하나님을 기쁘시게 하려 함이라(살전2:4)

참된 교사는 하나님을 기쁘시게 하는 자이다. 바울은 자신이 '하나님을 기쁘시게'하기 위하여 지금까지 달려왔음을 절절히 고백하고 있다. 자신의 사역의 모든 과정은 성도들을 기쁘게 하기 위함이 아니라, 오직 하나님 한 분만을 기쁘시게 하기 위함이라는 것이다. 바울에게 있어 사람을 기쁘게 하려한다는 의미는 이미 그가

갈라디아서 1장 10절에서 명확하게 설명하고 있다.

> 이제 내가 사람들에게 좋게하랴 하나님께 좋게하랴 사람들에게 기쁨을 구하랴 내가 지금까지 사람의 기쁨을 구하는 것이었더면 그리스도의 종이 아니니라 (갈 1:10)

바울에게 있어 사람을 기쁘게 하는 것은 자신의 정체성 즉, 그리스도의 종으로서의 정체성과 정면으로 대치되는 것이었다. 바울은 하나님을 기쁘게 하는 것과 사람을 기쁘게 하는 것을 대조적인 것으로 설명하면서 하나님께서 우리의 마음을 감찰하시고 계심을 강조하고 있다. 우리의 마음이 사람을 기쁘게 하거나 사람에게 집중되어 사역이 진행되는 것에 대하여 엄히 경계하고 있다.

복음의 참된 일꾼으로서 교회학교 교사는 하나님께 온 인격으로 최선을 다하는 것을 우리의 최고 목표로 삼아야 할 것이다. 그것이 그리스도의 종으로서 우리의 정체성에 부합하는 것이다.

'우리의 사역이 사람들을 기쁘게 하는 것인가? 아니면 하나님을 기쁘시게 하는 것인가?' 라는 질문에 '우리는 하나님을 기쁘시게 합니다', '나는 하나님만을 기쁘시게 합니다'라고 대답할 수 있어야 하는 것이다. 하나님을 기쁘시게 하는 교회학교 교사, 그가 바로 참된 교사이다. 바울의 이 위대한 고백이 우리의 고백이 되어야 할 것이다.

참된 교사는 자신의 영광을 구하지 않는 자

너희도 알거니와 우리가 아무 때에도 아첨의 말이나 탐심의 탈을 쓰지 아니한 것을 하나님이 증거 하시느니라 우리가 그리스도의 사도로 능히 존중할 터이나 그러나 너희에게든지 다른 이에게든지 사람에게는 영광을 구치아니하고(살전 2:5-6)

참된 교사는 자신의 영광을 구하지 않는 자이다. 바울은 자신이 어떠한 상황 속에서도 순수하였으며, 결백한 모습으로 살아갔음을 강조하고 있으며, 특별히 아첨의 말이나 탐심의 탈을 쓰지 않고 데살로니가인들에게 참 교사가 되었음을 이야기하고 있다.

이렇게 그가 자신의 모습을 설명하는 것은 자신이 어떠한 존재인가를 자랑하려 하는 것이 아니라 자신이 전하는 복음이 얼마나 귀한 것이었나를 재차 강조하기 위함이다. 그리고 한걸음 더 나아가 바울은 그리스도의 복음을 위탁받은 사도였기에 큰 존경을 받을 수 있음에도 불구하고 그러한 자신의 권리마저도 사양하였음을 이야기하고 있는 것이다. 그는 자신이 존경받음이 당연하였지만 데살로니가인들과 다른 이들에게 자신의 영광을 구하지 아니하며, 연약한 자처럼 어떠한 권위나 위엄을 내세우지 않았다는 점을 강조하고 있다.

바울과 같이 교회학교 교사로서 우리도 그러해야 한다. 한편으로 교회학교 교사로서 우리의 사역 가운데 우리가 영광을 받는 일, 내가 영광을 받는 일이 있을까 생각되지만 실상 우리는 영광을 받을 수 있는 자리에 있다. 많은 유혹 속에서 사역할 수 있는 것이다.
'내가 얼마나 오랫동안 교사로 섬겼는가? 내가 교사로 있을 때 무엇
을 하였는가? 나는 얼마만큼 부흥을 시켰는가?' 심지어는 '교회의
직분을 받기 위해서 교사를 해야 하지 않겠는가?' 등등 수많은 영
광의 유혹이 있는 것이다. 그러나 이러한 차원에서 섬김과 봉사는
하나님 앞에서 옳지 않다. 오직 하나님만 영광을 받으셔야 한다. 그
분만이 드러나야 하며 그분이 모든 것에 앞서 계셔야 한다. 위대한
종교개혁자가 고백하였듯이 우리는 '영광의 신학이 아니라 십자가
의 신학'을 추구해야 하는 것이다. 오직 영광은 주님만이 받으셔야
한다.

참된 교사는 어머니의 사랑이 있는 자

> 우리는 그리스도의 사도로서 마땅히 권위를 주장할 수 있으나 도리
> 어 너희 가운데서 유순한 자가 되어 유모가 자기 자녀를 기름과 같이
> 하였으니 우리가 이같이 너희를 사모하여 하나님의 복음으로만 아니
> 라 우리 목숨까지 너희에게 주기를 즐겨함은 너희가 우리의 사랑하
> 는 자됨이라 (살전 2:7-8)

참된 교사는 어머니의 사랑이 있는 자이다. 바울의 고백은 우
리로 하여금 하나님 앞에서 어떤 교사가 되어야 함을 분명히 알려
주고 있다. 바울은 7절을 통해 자신이 데살로니가인들 사이에서 어

떠한 영광이나 이득을 추구하지 않았다는 점을 강력하게 고백하고 있으며, 나아가 바울은 그것을 마치 자녀를 기름에 비유하고 있다.

우리 성경에는 유모(乳母)라는 단어로 번역되었지만 헬라어 문맥에서 이 유모 '트로포스'(trophos)는 자식을 양육하는 '어머니'로 번역하는 것이 맥락 상 더 적합할 수도 있다. 실제로 공동번역에서는 아래와 같이 번역하고 있다.

> 우리는 그리스도의 사도로서 권위를 내세울 수도 있었으나 여러분과 함께 있을 때에는 마치 자기 자녀를 돌보는 어머니처럼 여러분을 부드럽게 대했습니다(살전 2:9, 공동번역)

자식을 기르는 어머니는 그의 사랑하는 자녀들에게 권위를 주장하거나 위엄을 뽐내는 일이 절대 없다. 바울은 이것이 데살로니가인들에 대한 자신의 모습임을 설명하고 있는 것이다.

바울은 그들에게 자신의 영광과 자신의 위치가 어떠한가를 설명하고 그것에 준하는 어떠한 행위를 요구하지 않았다. 오히려 그는 자발적으로 자신에게 주어진 상당부분의 영광들을 포기하였으며, 복음 전파를 위한 어떠한 일들과 상황이라도 주저 없이 데살로니가인들을 위해 달려갔던 것이다.

자식을 향한 어머니는 자녀들을 위해 어떠한 고통이나 문제도 신경 쓰지 않고, 자기의 생명까지도 자녀들을 위해 내어 준다. 바울은 데살로니가인들에 대하여 자신이 진정 어머니와 같은 심정으로 그들을 바라보았고, 데살로니가인들에 대한 복음 전파와 그들의 신앙 성장을 위해서라면 자신의 생명마저 내놓을 각오가 되어 있음을 명확하게 보여 준다.

우리도 하나님 앞에서 어머니 같은 교사가 되어야 하는 것이다. 우리가 아이들에게 진정 어머니가 될 때 아이들은 변화하는 것이다. 우리가 아이들에게 진정 어머니의 마음을 품을 때 역사가 일어나는 것이다. 우리는 이 경험을 해야 한다. 어머니가 자기의 사랑스러운 자녀를 기름과 같이 우리도 그와 같이 우리의 아이들과 사역 현장에 나아가야 하는 것이다.

참된 교사는 복음만을 전하는 자

> 형제들아 우리의 수고와 애쓴 것을 너희가 기억하리니 너희 아무에게도 누를 끼치지 아니하려고 밤과 낮으로 일하면서 너희에게 하나님의 복음을 전파하였노라(살전 2:9)

참된 교사는 복음만을 전하는 자이다. 복음은 우리가 수행하는 교육의 핵심이다. 복음이 없는 교회학교와 복음이 없는 교사는 껍데기이며, 아무 의미 없는 것이다. 참된 교사는 복음을 전하는 자이고, 그것이 교사의 존재 목적이 되어야 한다.

우리는 그동안 많은 교사들을 만나왔다. 어릴 적부터 지금까지 수많은 교회학교 교사들로부터 신앙교육을 받아왔다. 또한 얼마나 많은 목회자들도 있어 왔는가? 이름도 모두 기억할 수 없는 많은 이들이 스쳐지나갔다. 그리고 그 많은 분들의 스타일은 그야말로 그 수 만큼이나 여러 가지로 다양하였을 것이다.

이를 테면 밥을 잘 사주는 교사, 연락이 자주 오는 교사, 생일을 잊지 않고 챙겨주는 교사, 늘 재미있게 해 주는 교사 그리고 이와 유사하였던 스타일의 목사님들…. 이루 말할 수 없이 많은 '콘셉트'(concept)를 가진 교사와 목회자들이 있어 왔다.

이 시점에서 무거운 질문을 던져본다. "지금 이 순간 가장 기억에 남는 교사와 목회자는 누구인가?"

우리들의 삶을 바꾸고, 내가 하나님께 나아가도록 이끌어준 교사와 목회자는 누구였는가? 밥을 잘 사주는 교사였는가? 아니면 늘 재미있게 웃겨주는 목사님이었는가?

아닐 것이다. 분명히 아닐 것이다. 어떤 교사와 목회자들이 기억에 남는가? 투박하지만 나에게 참된 복음을 전해 준 교사, 예수 그리스도의 십자가와 부활의 능력을 거칠지만 바르게 전해 준 목사님일 것이며, 우리의 인생을 변화시키고, 우리의 존재를 예수 그리스도께 깊이 뿌리 내리게 한 교사와 목사님일 것이다.

그 교사가 우리의 인생을 하나님 앞으로 나아가게 하는 중요한 도구와 통로가 된 것이다. 참된 교사를 꿈꾸는 우리는 복음을 전하는 자가 되어야 한다. 복음만을 강조하는 교사가 되어야 한다. '통닭과 피자' 혹은 '프로그램'으로는 한계가 있는 것이다. 그동안 우리가 얼마나 많은 실패를 해 왔는가! 복음 이외의 다른 무엇을 가지고 성공한 적이 있었던가! 비록 복음을 전하는 것이 미련하게 보일지라도, 내 옆 반 교사보다 재미가 없을지라도 우리는 포기하지 말고 복음을 전하는 자가 되어야 한다. 여기에서 하나님의 놀라운 능력이 나타나는 것이다.

요즘의 시대는 문화와 교양 혹은 배려라는 고상한 논리 속에서 복음이 훼손되거나 아예 선포되지 못하는 것은 아닌지 돌아보아야 한다. 그럼에도 불구하고 우리는 담대히 복음을 끝까지 전해야 한다. 복음을 전하는 것에 최우선의 가치를 두어야 한다. 그럴 때 아이들은 그 복음 안에서 하나님과의 인격적인 만남을 가질 것이다. 예수 그리스도의 복음 이외에 다른 어떤 것이 아이들과 우리를 구원의 길로 인도할 것이 있는가. 그것은 절대로 존재하지 않는다. 오직 예수, 오직 복음 뿐이다.

바울은 이 복음을 위탁받아 자신의 영적 제자들에게 복음을 전해 준 것이다. 그는 다른 어떤 것으로 그들에게 나아가지 않았다. 바울은 담대히 복음을 전했을 뿐이다. 바울은 그저 위탁받은 그것을 가지고 나아갔을 뿐이다. 하나님 앞에서 있는 우리도 그러해야 하는 것이다. 복음만을 담대히 전하는 것이다.

참된 교사는 모범적인 삶을 사는 자

우리가 너희 믿는 자들을 향하여 어떻게 거룩하고 옳고 흠 없이 행한 것에 대하여 너희가 증인이요 하나님도 그러하시도다(살전 2:10)

참된 교사는 모범적인 삶을 사는 자이다. 교사로서의 모범된 삶은 아이들이 교사의 말을 능력의 말씀으로 만드는 가장 중요한 항목이 된다. 아이들이 무엇을 보고 교사의 말을 인정하겠는가? 우리 아이들이 하나님의 권위라는 고차원적인 개념들을 짧은 분반공부 시간에 기억하고 나아오겠는가? 그렇지 않다. 교회학교 교사의 평소 삶이 아이들에게 힘 있게 다가가는 것이다.

바울은 자신의 삶을 확증하는 의미에서 하나님과 데살로니가 성도들을 증인으로 내세우고 있다. 바울은 흠 없이 삶을 영위하였음을 고백하고 있다. 바울의 삶을 알고 있는 성도들의 경우 바울이 전하는 그 말씀의 진정성도 진실하게 받아들였을 것이다.

늘 예배에 모범이 되지 못하는 교사는 아이들에게 예배의 중요성을 강조할 수 없다. 언제나 교사 모임에 늦게 오거나 예배 시간을 지키지 못하는 교회학교 교사에게서 아이들은 어떠한 교사의 권위도 확인할 수 없을 것이다.

필자가 정부(한국연구재단)로부터 연구비 지원을 받아 '한국교회 내 교회학교 교사들의 딜레마'를 연구할 때였다. 교회학교의 운영이 잘된다고 소문이 난 교회를 방문하기 위하여 담당 교역자와 미리 통화를 하고 시간을 할애 받았다. 담당 교역자로서는 쉽지 않은 결정과 상황이었으나 적극적으로 배려를 해 주었다. 그리하여 해당 기관의 실제 프로그램 상황을 관찰하고 참여할 수도 있었다. 실제로 연구 현장에서는 이러한 참여가 쉽게 진행되는 것이 아니다. 누군가가 관찰자의 입장에서 자신들의 성경공부와 모든 프로그램들을 지켜본다고 생각해보라. 얼마나 부담스럽겠는가. 시간에 맞추어 교회를 방문하였고, 담임목사님과 인사를 나누고 해당 부장집사님과 함께 고등부 시간을 참석하였다. 교회학교 교사들도 의욕에 넘쳐보였으며, 열심히 아이들을 섬기고자 하는 분위기였다. 참 좋았다.

순서들이 진행되었다. 현장 방문을 수행하였던 날짜가 그 달의 넷째 주였기에 아이들은 분반 공부를 일찍 마치고 자신들이 준비한 특별한 행사를 시작하였다. 프로그램의 주제는 한 사람씩 나와서 특정 사람에 대하여 자기가 가슴에 담아두고 있었던 말을 하는 것이었는데 평소 섭섭하였던 것이나, 하고 싶었던 말들을 재미있게 하는 프로그램이었다. 아마 여러 교회와 교육기관에서도 한 번씩은 해 보았을 프로그램일 것이다.

순서에 따라 한 사람씩 나와서 "야 OOO!, 왜 계속 나하고 똑같은 옷을 입는건데", "야 OOO!, 나는 네가 예쁘다고 생각 안한다" 등등 아이들이 이야기 할 때마다 웃음이 터졌다. 그러면 지목의 대상이 된 아이들도 재미있게 받아치면서 즐겁게 진행이 되었다.

분위기가 점점 고조되어 갈 즈음 해당 기관의 임원이면서 리더급인 한 학생이 나왔다. 그리고 "OOO 선생님"이라고 외쳤다. 아이들이 다 그 선생님을 쳐다보았다. "선생님 왜 만날 예배 시간에 늦게 오세요? 그리고 자꾸 우리 프로그램 시간에 휴대폰 만지실 꺼예요!"라고 소리쳤다. 아이들은 재미있다고 난리가 났다. 그 선생님도 당황한 표정이었지만 능청스럽게 잘 넘어가는 것 같았다. 하지만 부끄러운 것은 사실이었다. 학생들의 시선에서는 그 선생님은 항상 예배시간에 늦고, 휴대폰을 만지작거리는 교사로 보였던 것이다. 학생들에게는 자신들과 수준이 비슷한 교사였던 것이다. 그 상황을 있는 그대로 보면서 마음속으로 나는 많이 당황하였고, 나의 모습도 순간 스쳐지나갔다.

교사로서 우리는 어떠해야겠는가? 교사로서 우리의 삶이 하나님 앞에서 모범적인 삶을 살아가고 있는지 돌아보아야 한다. 쉽지는 않지만 최선을 다해 살아가야 하는 것이다. 여기에서 교회학교 교사로서 권위와 능력이 나오는 것이다. 하나님 앞에서 신실하게 모범적으로 살아가야 한다. 거룩하고 옳고 흠 없이 살아가야 한다.

참된 교사는 아버지의 엄함이 있는 자

너희도 아는 바와 같이 우리가 너희 각 사람에게 아비가 너희 각 자녀에게 하듯 권면하고, 위로하고, 경계하노니 이는 너희를 부르사 자기 나라와 영광에 이르게 하시는 하나님께 합당히 행하게 하려 함이니라(살전 2:11-12)

참된 교사는 아버지의 엄함이 있는 자이다. 참된 교사는 '트로포스'(trophos) 어머니가 되어야 하지만 동시에 아버지도 되어야 한다. 아버지가 자녀에게 하듯이 권면하고, 위로하고 때로는 엄히 경계해야 할 것이다.

아이들에게 엄한 아버지가 된다는 것, 그것은 이 시대가 요구하는 이미지와는 다르다. 이 시대는 아이들에게 엄격한 아버지를 요구하는 것이 아니라 그저 '모든 것이 좋다.'라고 이야기하고, 재미와 자극만을 주는 개그맨과 같은 아버지를 원하는 시대이다. 하지만 아버지는 엄함도 가지고 있어야 하며, 그 엄함 속에서 진정한 사랑과 자상함이 묻어난다.

우리의 아이들에게 필요한 것은 바른 길로 권면하고, 훈계하는 아버지와 같은 교회학교 교사이다. 진정 아이들을 사랑하기에 그들에게 옳은 것을 이야기할 수 있는 아버지와 같은 교회학교 교사가 되어야 한다. 아버지처럼 사랑하는 자녀들의 삶을 위해 위로하고 그들을 품어야 한다. 때로는 아이들이 바른 신앙의 길을 걷지 못할 때 쓴 소리를 해 주어야 한다. 아이들이 무엇을 잘못하고 있는지 분명히 경계해야 하는 것이다.

신앙교육이 때로는 엄한 것도 있어야 한다. 왜냐하면 그것이 진리의 문제이고 생명의 문제이기 때문이다. 무엇이 아이들을 위한 참된 교사의 모습이겠는가? 그들이 신앙적으로 잘못된 길을 갈 때 그저 넘어갈 것인가? 아니다. 절대 아니다. 그들에게 정확하게 알려주고 엄히 경계하는 것이 바른 교사, 참된 교사이다. 우리의 신앙, 개혁신앙은 옳고 그름이 분명하다. 그것에 준하여 아이들을 가르치고 양육해야 하는 것이다. 아버지의 모습으로 말이다.

또한 우리는 교회가 신앙적으로 옳다고 가르치는 것에 대하여 적극적으로 도와주어야 한다. 가정에서는 부모님들이 교회와 교회학교 교사들에게 힘을 실어주어야 한다. 또한 부모님들은 신앙교육이 담당 교역자와 교사들의 몫이라 생각해서는 절대 안 된다. 종교개혁자들과 그 후예들은 자녀들을 위한 신앙교육의 첫 번째 책임을 부모들에게 묻고 있다. 신앙교육의 책임을 교회와 담당교역자에게만 있다고 생각해서는 절대로 안 되는 것이다. 우리 모두가 함께하는 것이다. 그러므로 가정과 교사들이 함께 아이들을 섬기며 아버지의 마음으로 명확하게 경계하고, 엄히 가르치며 신앙을 양육해야 할 것이다. 거기에서 역사가 일어날 것이다.

참된 교사로서 수행한 복음사역의 결과
: 놀라운 2가지 측면

지금까지 '참된 교사는 누구인가?'라는 질문에 데살로니가전서 2장 1-12절의 내용을 통해서 8가지의 모습과 특징을 살펴보았다. 참된 교사는 현장에 들어가는 자, 참된 교사는 진정성이 있는 자, 참된 교사는 하나님을 기쁘시게 하는 자, 참된 교사는 자신의 영광을 구하지 않는 자, 참된 교사는 어머니의 사랑이 있는 자, 참된 교사는 복음만을 전하는 자, 참된 교사는 모범적인 삶을 사는 자, 참된 교사는 아버지의 엄함이 있는 자였다. 우리 모두가 이러한 교회학교 교사가 되어야 할 것이며, 이런자들이 참된 최고의 교회학교 교사들이다.

이러한 참된 교사로서 복음의 사역이 이루어졌을 때 어떠한 결과가 나타나는 것일까? 그 결과는 두 가지 측면으로 나타났다.

먼저 데살로니가전서 1장 7-8절이다.

> 그러므로 너희가 마게도냐와 아가야에 있는 모든 믿는 자의 본이 되었느니라 주의 말씀이 너희에게로부터 마게도냐와 아가야에만 들릴 뿐 아니라 하나님을 향하는 너희 믿음의 소문이 각처에 퍼졌으므로 우리는 아무 말도 할 것이 없노라(살전 1:7-8)

바울의 참된 사역과 교사로서의 복음사역을 통해 데살로니가 성도들의 믿음이 엄청나게 성숙하고 성장하였다. 그들은 마게도냐와 아가야에 있는 모든 믿는 자의 본이 될 정도로 성장하였던 것이다. 그들의 믿음의 역사와 사랑의 수고와 소망의 인내가 온 지역에 믿음의 소문으로 퍼졌나갔다. 우리가 참된 교사로서 그 원리에 충실할 때 우리의 아이들이, 학생들이 마게도냐와 아가야에 믿음의 본으로 자라갈 것이다. 요즘으로 치면 우리의 지역사회 속에서 'OOO 교회'의 학생들과 아이들의 믿음의 소문이 멋지게 퍼져나가는 것이다. 얼마나 가슴 뛰는 일인가? 우리가 참된 사역자와 교사로 나아갈 때 이런 역사가 일어날 줄 확신한다.

또 하나의 측면으로 데살로니가전서 2장 19-20절이다.

> 우리의 소망이나 기쁨이나 자랑의 면류관이 무엇이냐 그가 강림하실 때 우리 주 예수 앞에 너희가 아니냐 너희는 우리의 영광이요 기쁨이니라(살전 2:19-20)

우리의 참된 사역 가운데 우리의 아이들은 우리의 기쁨의 면류관, 자랑의 면류관이다. 주님 앞에서 우리가 이야기할 수 있는 것 무엇이겠는가? "주님, 맡겨주신 아이들 잘 섬기고 왔습니다.", "주님, 보내주신 아이들 정말 잘 섬기고 왔습니다." 이것 이외에 교회학교 교사로서 무엇이 있겠는가.

직장과 가정 그리고 삶의 여러 문제들로 교사로서 신실하게 섬기는 것이 힘들고 어려운 것이 사실이다. 오죽하면 교회의 3D로서 가장 힘든 것이 교사라고 할 정도이지 않는가. 또한 사역 중에서도 다양한 삶의 문제들이 우리의 삶에 큰 어려움으로 다가오기도 한다. 그래서 우리는 지치고 넘어지기도 한다.

하지만 교회학교 교사로 우리는 저 '면류관'을 바라보고 나아가야 할 것이다. 우리의 면류관이 될 그 아이들을 바라보고 사역하는 것이다. 그것을 붙잡고 끝까지 달려가는 것이다. 세상의 것이 아니라 우리 주님께서 주실 그 면류관을 바라보고 섬기며 나아가는 것이다. 이것은 절대로 변화지 않는 진리이며, 확실한 것이기에 여기에 우리는 우리의 인생을 걸어볼만한 가치와 이유가 있는 것이다.

3장

학생을 생각 한다는 것은 무엇인가?

"교회학교 교사가 학생을 어떻게 보는가에 따라 교사가 수행하는 수업과 교육방법은 달라질 것이다. 학생들의 존재 자체에 대한 교회학교 교사의 인식이 무엇인가에 따라 그 학생에 대한 수업방식과 교사 자신의 태도가 달라지기 때문이다."

3장. 학생을 생각한다는 것은 무엇인가?

교회학교의 수업

교회학교의 수업은 학생들로 하여금 그들이 하나님 앞에서 살아갈 수 있도록 해야 한다. 그리고 삶의 변화를 이끌어내는 교육내용을 학생들에게 효과적으로 전할 수 있어야 한다. 이 과정을 통해 실제로 학생들은 자신의 삶의 변화를 경험하며, 하나님 앞에서 신실한 그리스도인으로서 성장해 나갈 수 있다. 물론 이 모든 과정 속에서 삼위 하나님의 인도하심과 전적인 은혜가 허락되어야 할 것이며, 교사와 교육기관은 하나님의 신실한 종과 도구로서 사용되어야 한다.

전술한 교회학교 수업의 과정을 교육학의 용어로 재기술하여 본다면 학생들로 하여금 그들이 하나님 앞에서 살아갈 수 있도록 삶의 변화를 이끌어내는 교육내용을 '교육과정'(curriculum)으로 볼 수 있으며, 이를 학생들에게 효과적으로 전하는 종합적인 사항을 '교수'(teaching)로 볼 수 있고, 실제로 학생들의 삶의 변화는 '학습'(learning)으로 규정할 수 있다.

교회학교의 수업이라 했을 때 '교육과정', '교수', '학습'을 모두 합친 그 지점을 교회학교 수업으로 정의할 수 있다. 즉, 교회학교 수업은 신앙교육의 내용으로서 교육과정, 교회학교 교사가 가르치는 모든 장면으로서의 교수, 학생들이 교사들로부터 교육받는 모든 장면으로서의 학습의 관계가 균형 있게 이루어지는 상황 속에서 건강하게 성립할 수 있다.

[그림] 교회학교 수업의 3가지 요소

이를 통해 우리는 궁극적으로 학생들로 하여금 성경 지식을 건강하게 확보하게 하며, 학생들의 신앙성숙을 도모하고, 교회의 질적 및 양적 성장을 추구해 나아가는 것이다. 특별히 교회학교 교사는 반목회자로서의 정체성을 기억하며, 나의 가르침이 사역적인 성격(한춘기, 2008)이 분명 존재함을 잊지 않고 최선을 다해 나아가야 한다.

좋은 수업 VS 좋지 못한 수업

교회학교 수업을 교육과정, 교수, 학습의 과정이 표출되어 구성되는 장으로서 이해할 때 우리는 교회학교 교사로서 무엇이 좋은 수업인가에 대한 고민을 하게 된다. 교육학에서 좋은 수업과 좋지 못한 수업은 무엇인가에 대한 관심은 오랫동안 있어왔으며, 이에 대하여 정석기(2015)는 다음과 같이 구분하여 소개하고 있다.

[좋은 수업 VS 좋지 못한 수업]

좋은(효과적인) 수업	좋지 못한(학생이 싫어하는) 수업
모든 학생들이 재미있게 참여하는 수업	모르는 학생을 무시하고 공부 잘하는 학생 위주의 수업
시선을 집중시킬 수 있도록 유머와 농담을 곁들인 흥미있는 수업	학생들의 이해도를 확인하지 않은채 질문도 없이 교사 혼자 설명만 하는 수업
적절한 질문과 설명을 통해 이해도를 높이고 집중할 수 있는 수업	학생들 발표만 시키고 과정이나 내용에 대해 보충설명이 없는 수업

학습지나 컴퓨터 등 다양한 자료와 정보를 활용하는 수업	아무런 준비 없이 교과서 위주로 하는 수업
학생, 교사, 모두 사전 준비가 잘된 수업	수업시간 내내 발표만으로 진행하는 수업
토의, 토론 등 발표하고 내용 정리를 하는 수업	자료 활용 없이 엄청난 판서를 하는데 글씨가 작아 보이지도 않는 수업
문제의 해답을 찾는 방법을 생각하고 느낄 수 있도록 해 주는 수업	목소리가 작고 수업시간 내내 지루하고 잠오는 수업
실험 등 체험활동을 겸한 수업	수업 전·후 목표 확인도 없이 자습시간을 자주 주는 수업
수업 전·후 목표 확인이 이루어지는 수업	말은 많은데 정리가 안 되는 수업
삶의 지혜와 진로 정보를 겸한 수업	몇 명 학생이 수업 분위기를 흐리게 하는데도 이를 방치하고 진행하는 수업

*자료출처: 정석기(2015). p.26

정석기의 구분과 제시는 교회학교 교사들에게도 많은 시사점을 주고 있으며, 무엇이 좋은 수업이 될 수 있는가에 대한 아이디어를 준다. 이를 정리해 보면 아래와 같은 좋은 교회학교 수업의 방향을 도출할 수 있다.

[좋은 교회학교 수업 방향]
○ 좋은 교회학교 수업은 신앙의 원리를 알려주는 수업이다.
○ 좋은 교회학교 수업은 분명한 목표가 있는 수업이다.
○ 좋은 교회학교 수업은 실제적으로 삶과 연관 된 수업이다.
○ 좋은 교회학교 수업은 학생들이 참여하는 수업이다.
○ 좋은 교회학교 수업은 학생들이 재미있어 하는 수업이다.

○ 좋은 교회학교 수업은 다양한 자료를 활용하는 수업이다.
○ 좋은 교회학교 수업은 질문과 발표가 있는 수업이다.

학생을 어떻게 바라보아야 하는가?

교회학교 교사가 학생을 어떻게 보는가에 따라 교사가 수행하는 수업과 교육방법은 달라질 것이다. 학생들의 존재 자체에 대한 교회학교 교사의 인식이 무엇인가에 따라 그 학생에 대한 수업방식과 교사 자신의 태도가 달라지기 때문이다. 그렇다면 우리는 학생을 어떻게 보고 있는가? 그리고 무엇이 성경적인 학생에 대한 이해인가?

학생은 하나님의 형상

성경적 인간관의 대전제는 바로 인간이 하나님의 형상이라는 것이다. 창세기 1장에서 분명히 밝히고 있듯이 인간은 하나님의 형상으로 지음 받은 존재이다. 이는 다른 어떤 피조물과는 다른 차원인 것이며, 하나님의 형상으로 지음 받은 피조물은 오직 인간밖에 없다.
교회학교 교사는 학생들을 하나님의 형상이라는 인식과 그 맥락 속에서 바라보아야 한다. 교회학교 교사가 학생들을 존귀하게 여기며, 학생들을 사랑해야 하는 이유는 본질적으로 그 학생들이 하나님의 형상으로 지음 받은 소중하고 아름다운 존재들이기 때문이다.

학생은 전인적 존재

교회학교 교사는 학생을 전인적인 차원 그리고 총체적인 차원에서 이해해야 한다. 성경적 인간관에서 가장 중요한 것은 바로 인간을 전체적인 맥락에서 이해하고, 이분법적으로 구분하지 않는다는 것이다. 성경은 인간에 대하여 신체를 가지고 있는 몸으로서의 인간을 강조하면서, 동시에 영혼으로서의 인간도 하나님께 의존하여 살아가는 존재임을 강조한다. 성경에서는 항상 인간에 대하여 전인적인 관점에서 이야기하고 있으며, 인간을 구분하여 파편화된 체제 속에서 절대 바라보고 있지 않다.

교회학교 교사는 학생들이 전인적인 존재임을 잊지 말고 학생들을 대해야 할 것이다. 학생들의 영혼과 육체를 모두 중요하게 생각하며, 그들의 전인적 삶이 온전히 하나님께만 의존하여 그분 안에서 안정감과 평안을 누릴 수 있도록 지도하며 나아가야 한다.

학생은 다차원적 존재

성경적 인간관은 다차원적인 존재로서의 인간 이해를 기본으로 한다. 하나님께서 창조하신 모든 만물 중에서 인간은 가장 복잡하고 다차원적인 존재이다. 인간은 다른 어떤 피조물들이 가지지 못한 특성들이 있으며, 이는 인간의 존귀함을 더욱더 드러내주는 요소들이다. 인간은 문화를 창조할 수도 있고, 역사를 만들어가기도 하며, 이성적·논리적으로 사고하며, 고차원적인 법을 만들며, 윤리·도덕적인 삶을 구현해 나가기도 하는 다차원적인 존재들이다. 특정한 하나의 측면으로 환원할 수 없는 복잡한 존재들이다.

교회학교 교사는 학생들이 이처럼 다차원적인 존재임을 기억하고, 학생들을 섬기며 봉사해야 한다. 교사들에 의해서 학생들의 그 고차원적인 측면은 더욱 자극이 될 것이고, 다차원적인 측면의 개발을 통해서 하나님 나라의 확장을 추구해 나아갈 수 있을 것이다.

학생은 종교적인 존재

21세기 한국사회에서의 종교는 지극히 개인적인 수준으로만 이해되고 있지만 본질적으로 종교는 개인적인 차원에서만 제한되는 요소가 아니다. 인간의 삶 자체가 종교적이며, 인간의 개인적 영역 그리고 공동체적 영역 모두에서 이 종교적인 성격이 전제되어 삶을 영위하고 있기 때문이다.

좀 더 구체적으로 표현하면 인간은 그가 하나님을 섬기는가 아니면 다른 무언가를 섬기는가로 구분할 수 있다. 인간에게 있어 종교적으로 중립적인 자리와 위치는 절대로 존재하지 않는다. 하나님을 섬기든지 아니면 다른 어떤 것을 섬기는 존재이기 때문이다.

교회학교 교사는 학생들이 종교적인 존재임을 기억하고, 그들이 온전히 하나님께로만 집중하고 살아갈 수 있도록 지도해야 한다. 그리고 모든 교육적 가르침 역시 중립적인 것이 있을 수 없음을 기억하고, 이를 유념하며 교육의 모든 과정을 바라보아야 한다. 심지어는 공교육의 영역에서 가르치는 내용들 역시 중립적인 것이 아니며, '특정한 관점과 견해'를 바탕으로 구성되어 있음을 기억해야 한다.

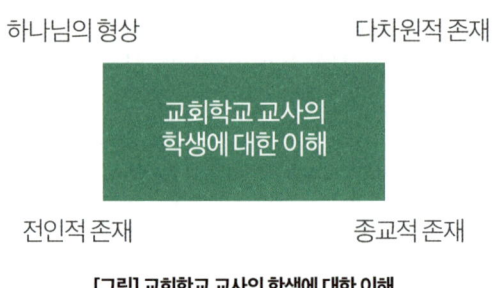

[그림] 교회학교 교사의 학생에 대한 이해

학생의 학습스타일을 고려하고 있는가?

신앙교육을 통한 아름다운 변화는 학생과 교사간의 건강한 지식의 소통, 상호간의 인격적인 신뢰, 그리고 이해를 통한 동의가 이루어질 때 가능하다(현유광, 2008). 이중 학생에 대한 교사의 이해 측면은 더욱더 중요하게 인식되고 있으며, 특별히 학생들의 학습스타일까지도 고려한다면 더욱 효과적으로 교육적 효과와 변화를 이끌어 낼 수 있음도 제시되고 있다.

여기에서 우리는 학생들의 학습스타일에 대하여 집중해 볼 필요가 있다. 교사들이 학생들을 지도할 때 학습의 대상이 되는 그들의 학습 스타일의 다양함을 이해하고, 그것에 맞는 전략과 접근들을 수행해 나아간다.

학생들의 학습스타일은 특정한 학생이 구체적인 학습과정 속에서 어떻게 수행하는 것을 선호하고 좋아하는가와 관련 있는 내용이다. 우리 모두 자신만의 스타일로 옷을 입고, 음식을 먹고, 취미생활을 하듯이 학습도 마찬가지다. 즉, 학생들은 학습내용을 받아들일 때 그것에 대한 인식, 해석, 조직 등을 수행할 때 자신이 좋아하는 방식과 스타일로 진행해 나아간다. 어떤 학생은 경험함을 통해서 학습하는 것을 좋아하고, 어떤 학생은 읽는 것을 통해서 학습하는 것을 좋아하고, 어떤 학생은 교사로부터 들으면서 학습하는 것을 좋아한다는 의미이다.

이렇듯이 교회학교 교사가 섬기고 있는 학생들의 학습스타일을 파악한다면 좋아하는 학습스타일이 유사한 학생들끼리 반을 편성할 수도 있고, 학습스타일이 다른 학생들은 구분하여 그에 따라 특정한 교육방법과 전략을 배분하여 수업을 진행할 수도 있을 것이다. 이러한 모든 접근은 학생들의 학습스타일을 고려하여 만들어낼 수 있는 다양한 접근법들 중 일부이다.

학생의 학습스타일

학생의 학습스타일에 대한 연구는 Kolb(1984), Oxford(1993) 등을 통해서 기본적인 의미와 내용을 확인할 수 있는데 학생들의 학습스타일을 이해하고 적용하는 데 흥미로운 자료들을 제공하고 있다.

우선 Kolb는 4가지 기본적인 학습방식을 바탕으로 4가지 학습스타일을 제시하고 있는데, 먼저 그가 제시하는 기본적인 학습의 방식에는 1)구체적 경험을 통한 학습 방식, 2)반성적 관찰을 통한 학습 방식, 3)추상적 개념화를 통한 학습 방식, 4)활동적 실험을 통한 학습 방식 등이 있다.

[학습방식과 그 의미]

학습 방식	특성	내용과 특징
구체적 경험 (Concrete Experience)	느낌 (Feeling)	- 직접경험하고 깨닫는 일을 통해 학습하는 경향 - 학습상황에서 느낌 중심적임 - 인간관계를 중시 - 사회성이 뛰어남
반성적 관찰 (Reflective Observation)	주시 (Observe)	- 사실과 상황에 있어 주시하는 경향이 뚜렷함 - 판단에 앞서 주의깊게 관찰함 - 타인보다 자신의 사고와 느낌을 중시함 - 여러 관점에서 사물을 조망하여 아이디어 창출 - 인내심이 강하고 객관적임

추상적 개념화 (Abstract Conceptualization)	사고 (Think)	- 사고에 의존하는 경향 - 체계적인 계획 수립, 이론의 개발 - 논리와 아이디어를 사용하여 학습함 - 문제해결 접근 시도 - 사회성이 부족함
활동적 실험 (Active Experimentation)	행동 (Doing)	- 행동을 선호 - 문제에 대한 실제적 접근과 실험 시도 - 기술적 과제 선호 - 자신의 영향이 결과에 드러나는 것에 가치를 둠

*자료출처: 장의선(2004), p.136 재구성

    학습자들은 학습을 수행할 때 구체적 경험을 통해 학습하고, 반성적 관찰을 통해 학습하고, 추상적 개념화를 통해 학습하고, 활동적 실험을 통해 학습을 한다는 것이다. 그리고 전술한 4가지 기본적인 학습 방식을 바탕으로 구분한 세부적인 학습스타일은 1)수렴적 사고형, 2)확산적 사고형, 3)동화형, 4)조절형 등의 학습스타일로 분류하고 있다. 세부적인 내용은 아래와 같다(신용주, 2013).

○ 수렴적 사고형: 수렴적 사고형은 추상적 개념화와 실제적인 실험에 의존하여 확실한 답을 찾고자하는 스타일이며, 문제의 해답을 얻기 위하여 빠르게 움직인다. 이 유형의 학습자는 문제를 정의하고 결론을 내리는 데 익숙한 집단이다.

○ 확산적 사고형: 확산적 사고형은 구체적인 경험과 반성적 관찰을 이용해 많은 아이디어를 도출해 내는 스타일이며, 브레인스토밍과 대안을 생각해 내는 것이 뛰어난 집단이다.

○ 동화형: 추상적 개념화와 반성적 관찰에 의존하는데 이 유형은 광범위한 정보를 이해하고 그것을 간결한 이론으로 바꾸는 것을 좋아한다. 또한 계획하여 이론을 발전시키고 모델을 만들어 내는 데 능숙하다.

○ 조절형: 구체적인 경험과 적극적 실험에 가장 뛰어난 집단이다. 이 유형은 문제해결을 위해 위험을 무릅쓰고 적극 뛰어들기 때문에 시행착오를 겪기도 한다.

또한 Oxford(1993)는 학습자가 선호하는 신체적인 감각, 대인관계에 나타나는 성격, 가능성에 대한 대처 방식, 문제해결을 위한 접근방식, 아이디어를 발전시키는 방식 등의 5가지 영역으로 학습자들의 학습스타일을 분류하고 있다.

○ 신체적 감각: 시각형, 청각형, 조작형
○ 대인관계: 외향형, 내향형
○ 가능성에 대한 대처 방식: 직관형, 구상형
○ 문제해결 접근 방식: 폐쇄형, 개방형
○ 아이디어 발전 방식: 종합형, 분석형

대표적인 학자들에 따른 학생들의 학습스타일과 유형을 살펴보았듯이 수업의 현장에서 만나는 학생들은 자신들이 선호하는 학습스타일이 있으며, 그에 따라 교육의 효과성도 달라질 수 있음을 예상할 수 있다.

이러한 맥락에서 교회학교의 수업장면 속에서 학생들에게 수업의 내용을 전달하기 위하여 얼마나 학생들의 학습스타일과 그들의 입장을 고려하여 진행하고 있는가를 고민해 볼 필요가 있다.

이와 관련하여 함영주(2012)는 학습스타일을 측정하는 간략한 자료를 제공해 주고 있어 흥미롭다. 아래의 경우 기본적으로 학습의 스타일을 측정하는 간략한 도구로서 학생들이 가진 학습의 성향을 파악하는 데 유익하다.

우선 주어진 10가지 항목의 문장을 읽고 자신에게 가장 적합하거나 자신을 가장 잘 표현한 문장이나 단어에는 4점, 그 다음의 수준에는 3점, 또 다음의 수준에는 2점, 자신과 가장 거리가 먼 표현이나 문장에는 1점을 체크하면 된다.

주어진 항목에 모두 점수를 부여해야 하며, 각 항목의 점수를 합산하여 a, b, c, d 각 영역별로 최종 점수를 부여한다. 최종 점수를 부여한 것 중 가장 높은 점수를 받은 항목이 자신의 학습스타일이다.

[학습 스타일 측정 문항]

1. 나는 성경공부를 하는 동안 _____
   a. 내 마음이 뜨거워지는 경험을 자주한다. (   )
   b. 교사의 가르침에 대해 자주 매우 흥미를 느낀다. (   )
   c. 내가 무엇을 할 수 있을까를 자주 고민한다. (   )
   d. 나의 특수한 상황에 배운 것을 직접 적용해 보려고 노력한다. (   )

2. 나를 가장 잘 표현하는 단어는 _____ 이다.

　a. 열정 (　)

　b. 논리 정연함 (　)

　c. 문제해결 (　)

　d. 행동 (　)

3. 나는 성경공부할 때, _____

　a. 새로운 방법론을 잘 받아들인다. (　)

　b. 다른 사람의 말을 잘 듣는다. (　)

　c. 실제적인 적용에 관심이 많다. (　)

　d. 구체적으로 직접 실천해야 만족한다. (　)

4. 다른 친구들은 나를 _____ 으로 생각한다.

　a. 친절한 사람 (　)

　b. 똑똑한 사람 (　)

　c. 현실적인 사람 (　)

　d. 창의적인 사람 (　)

5. 성경공부할 때, 나는 _____ 좋아한다.

　a. 깊이 참여하는 것을 (　)

　b. 나서지 않고 다른 사람들의 의견을 듣는 것을 (　)

　c. 문제를 해결하는 것을 (　)

　d. 실제적인 결과물을 도출해 내는 것을 (　)

6. 나는 학습환경이 _____ 을 좋아한다.

  a. 알록달록하고 화려한 것 (　)

  b. 책상과 의자가 잘 정렬되어 있는 것 (　)

  c. 조용하고 생각하기 좋은 구조로 되어 있는 것 (　)

  d. 여러 가지 교육 활동을 참여하기에 좋은 구조로 되어 있는 것 (　)

7. 나는 성경공부할 때, _____ 을 중요시한다.

  a. 내 직감이나 감정 (　)

  b. 본문에 대해 연구하는 것 (　)

  c. 성경공부를 통해 일반적이고 구체적인 원리를 찾아내는 것 (　)

  d. 다양한 삶의 상황에 적용하는 것 (　)

8. 나는 그룹 성경공부를 할 때, _____

  a. 다른 사람의 견해를 대체로 수용하는 편이다. (　)

  b. 다른 사람의 의견을 조용히 듣는 편이다. (　)

  c. 다른 사람에게 손에 잡히는 원리를 이야기하기 좋아하는 편이다. (　)

  d. 구체적인 적용 방법을 나누는 것을 좋아하는 편이다. (　)

9. 나는 _____ 많이 배운다.

  a. 사람들과의 친밀한 관계를 맺을 때 (　)

  b. 분석적으로 본문을 연구할 때 (　)

  c. 손에 잡히는 행동지침을 얻었을 때 (　)

  d. 직접 경험해 보았을 때 (　)

10. 나는 성경공부할 때 _____ 을 좋아한다.
   a. 협동학습을 통해 다른 사람과 어울려 참여하는 것 (   )
   b. 교사로부터 직접 정보나 사실을 듣는 것 (   )
   c. 내가 해야 할 일을 구체적으로 적어 보는 것 (   )
   d. 내 삶을 변화시킬 교육 활동을 직접 해보는 것 (   )

각 항목의 a, b, c, d 각각의 영역별로 점수를 합산한다. a, b, c, d 영역 중 가장 높은 점수를 받은 영역이 자신의 학습 스타일이다. 아래는 a, b, c, d 유형에 대한 구체적인 특징들이다. 이는 Kolb의 개념에 기초하여 함영주(2012)가 구성하였다.

[a, b, c, d 영역에 따른 학습 스타일과 주요 특징]

학습 스타일	정의	이상적인 교육상황	효과적인 교육방법	교사의 역할
창조적 학습자	-구체적인 경험을 통해 정보를 습득하며, 깊은 사고를 통해 배운 것을 내면화하는 스타일 -감수성이 풍부하고 자신의 감정을 표현하는 것을 즐김	-다른 사람과 함께 공부할 때 -자신의 생각을 다른 사람과 나눌 수 있을 때 -상상력을 발휘할 수 있을 때 -다른 사람이 나를 인정해 줄 때	-대화법 -이야기와 생각 나눔 -개인의 사색적인 활동 -시뮬레이션 -관계적 대화 -대화를 유도하는 질문	-동기 부여자 -친구

분석적 학습자	-추상적 개념을 통해 정보를 습득하고, 깊은 사고를 통해 배운 것을 내면화 하는 스타일 -내용을 분석하고 체계적으로 정리하는 것을 즐김	-논리적으로 납득될 때 -학습관련 정보를 정확히 이해할 때 -이성적으로 분석이 가능할 때 -합리적인 대화가 가능할 때	-분석적 연구 -탐구방법 -정보전달을 위한 강의 -논리적 토론 -요약, 명료화, 구조화 -프레젠테이션 -주제를 정해서 하는 팀 토론	-지식과 정보의 전달자 -분석가
체험적 학습자	-추상적 개념을 통해 지식을 받아들이고, 활동적인 실험을 통해 배운 것을 실천하는 스타일 -이성적이고 합리적인 판단을 즐김	-알고 있는 것을 실천할 수있을 때 -손에 잡히는 구체적인 방안이 주어질때 -실제적으로 원하는 결과를 손에넣을 때 -문제가 실제로 해결될 때	-묘사 -적용 가능한 실천 방법 -몸으로 체험하는 교육활동 -역할극 -다양한 게임 -관찰	-코치 -가이드
역동적 학습자	-구체적 경험을 통해 정보를 받아들이며, 활동적인 실험을 하면서 정보를 처리한다. -새로운 가능성과 도전을 즐김	-새로운 아이디어를 내고 실행할 때 -창조성을 발휘할 수 있을 때 -임기응변적상황에잘 대처할때 -호기심이다양한 방식으로 충족될때	-역동적인 교육활동 -자유로운 상상 -창의적이고 미래지향적인 사고 -현장 활동 -상황 적용 -보고서 -평가와 나눔	-지지적 평가자 -격려자

*자료출처: 함영주(2012). p.29-33 재구성

교회학교 학생이 주인공이 되는 수업

교회학교 학생이 주인공이 되는 수업은 교회학교 수업 전반의 초점이 학생들에게 맞춤을 의미한다. 학생이 교회학교 수업의 주변에

서 교사에 의해서 좌우되는 존재가 아니라 학생이 적극적으로 수업에 참여하고, 자신의 신앙 성숙을 위한 노력을 교사와 함께 만들어 나가는 것이다.

이 과정에서 교사는 헌신된 신앙 안내자로서 학생들이 그리스도의 장성한 분량으로 성장해 갈 수 있도록 그들의 손을 잡고 신앙의 길로 인도해 주는 것이다. 이 과정에서 교회학교 교사는 학생들의 신앙적인 요구와 흥미, 신앙적인 관심을 반영하고, 신앙성숙을 위한 핵심적인 학습 목표를 설정하는 데 일방적으로 자신과 기관에 의해서 설정되는 것이 아니라 학생들과 함께 논의하고 그들에게 수업 설계에 참여할 수 있는 장을 열어주는 것이다.

교회학교 학생이 주인공이 되는 수업이라 할지라도 이는 기본적으로 우리가 현재 수행하고 있는 일상적인 수업의 모습 그리고 수업 계획의 절차와 차이가 있는 것은 아니다. 교회학교 학생이 주인공이 되는 수업일지라고 성경과 신앙적 요소에 대한 교육목적을 명확하게 설정하고, 그와 관련된 수업 내 학습활동을 구성하여 교회학교 교사가 수업을 실제로 운영하는 것은 동일하다. 하지만 교회학교 학생이 주인공이 되는 수업은 각 수업의 모든 단계에서 학생들의 특성을 반영하거나, 학생들이 참여하거나, 학생들이 교사들과 함께 진행할 수 있음을 전제하는 것이다.

이는 고차원적이거나 심오한 이야기가 아니다. 간단한 것이며, 우리 모두가 수행할 수 있다. 오히려 우리의 교회학교에 소속된 학생들을 좀 더 입체적으로 고려하려는 시도인 것이다. 단순히 성경공부를 선택했으니 그 진도만 나아가는 데 집중하는 것이 아니라 우리 교회학교 학생들의 신앙 수준이 어떠하며, 어떠한 특징을 가지고 있으며, 학생들이 원하는 것은 무엇이며, 학생들이 경험하고 있는 어려움과 딜레마는 무엇인가에 대하여 관심을 가지고 그 학생들과 함께 호흡하며 수업을 구성하는 것이다. 그야말로 학생들이 수업의 주인공이 되어 수행하는 수업을 만들어 보는 것이다. 그렇게 한다면 그 학생들은 분반공부와 교회학교 교육을 이처럼 외면하지는 않을 것이다.

만약 내가 학생이라면 나의 수업에 참여하겠는가?

학생들을 생각하여 수업을 진행한다는 것은 그들의 입장에서 수업을 생각해 보고 구성하는 것이다. 주일 오전 그리고 오후 피곤한 몸을 이끌고 교회에 오는 학생들의 상황을 상상해 보라. 자신의 의지와는 상관없이 부모의 손에 끌려나와 있는 학생들의 상황과 마음을 생각해 보라.

만약 나라면 그 시간에, 그 장소에 나의 수업에 참여하겠는가? 혹은 그 시간에, 그 장소에 우리의 교회학교와 예배에 참여하겠는가? 학생들이 행복할까? 질문해 보는 것이다.

'만약 내가 학생이라면 나의 수업에 참여하겠는가?'

교회학교 교사로서 이러한 질문을 계속 던져보는 것이다. 이는 아주 큰 관점의 차이를 제공하게 될 것이다. 구체적으로 자신의 수업에 대한 객관적인 시각을 갖기 위해서 교사로서 할 수 있는 일은 의외로 굉장히 많다. 이를 위해 동료 피드백, 동료의 수업 참관, 내 수업에 대한 촬영, 학생들의 피드백, 동료 교사가 수행하는 수업 참관, 자가 평가 등등 자신의 수업을 다른 관점으로 살펴볼 수 있는 방법은 무수히 많이 존재한다.

실제로 자신의 수업을 녹화하여 다시 한번 살펴보는 것은 좋은 접근이다. 그리고 학생들에게 피드백을 받아보는 것도 좋은 방법이다. 또한 동료 교사들이 자신의 수업에 참여하여 피드백을 제공하는 것도 좋은 방법이다.

어쨌든 나의 수업이 바뀌어야 하고, 나의 수업의 변화를 위해서는 일상적인 자신의 시각과 관점에서 벗어나 학생들의 입장에서 그들을 생각하고, 그들의 시선으로 나의 수업을 처음부터 끝까지 체크해 볼 필요가 있는 것이다. 만약 내가 학생이라면 나의 수업에 참여하겠는가를 스스로에게 질문해 보면서 말이다.

〔수업촬영 컨설팅이란?〕

교회학교 교사가 동료들 혹은 교회학교 내 교육위원회와 함께 자신의 일상적인 교회학교 수업을 촬영한 후에 자가 모니터링 및 동료들과의 피드백 과정을 수행할 수도 있다. 또한 교육전문가들로부터의 전문적인 수업 컨설팅을 진행할 수도 있다.

현재 대한예수교장로회(고신)의 경우 교회교육컨설팅과 관련된 사업도 진행 중이다. 이러한 접근은 교회학교 교사들의 실제적인 수업 개선 및 실행 노하우를 체득하는 귀한 경험이 되고 있으며, 교육적 효과성도 매우 높게 나타나고 있다.

수업촬영의 경우, 교회 내 구비된 전문장비를 활용하면 좋으나 그렇지 못할 경우 개인 휴대폰을 활용하여 촬영하고 해당 자료를 동료들과 SNS를 통해 공유하여 동료 피드백을 구할 수 있다. 이는 자신의 수업에 대한 객관적인 느낌과 개선을 위한 신선한 아이디어를 도출할 수 있는 유익한 과정이 된다.

〔동료교사 수업 참관 및 수업공개란?〕

동료교사의 수업 참관을 통해서 자신이 수행하고 있는 수업의 문제점을 파악하고, 보완할 수 있는 정보를 획득한다. 동료들 역시 자신의 수업에 참관하도록 하여 피드백을 받고, 함께 수업 개선사항들을 토론할 수 있는 장을 만든다. 이 과정에서 기관 담당 교역자와 부장교사도 함께 참관하여 좀 더 효과적으로 진행될 수 있도록 환경을 구축한다. 처음 수업 참관 및 공개가 부담스러울 수 있으나 분명 수업 개선을 위한 효과적인 과정이니 이에 대한 교사들의 충분한 이해와 효과성과 관련된 경험이 축적되면 큰 어려움 없이 수행할 수 있다.

4장

학생을 생각하는 교회학교 교사의 수업 전략

"학생을 생각하는 교회학교 교사의 수업전략을 효과적으로 구축하기 위해서는 몇 가지 원리가 기능적으로 작동되어야 가능하다. 그리고 그것은 건강한 성경적 세계관에 근거하여 이루어질 때 안정감 있게 구축할 수 있다. 즉, 하나님의 말씀에 철저히 근거한 성경적 세계관에 기반을 두고, 협동, 자기주도성, 역량기반과 같은 원리가 이루질 때 유의미한 교육적 장들이 나타난다."

4장 학생을 생각하는 교회학교 교사의 수업 전략

1. 교회학교 교사의 수업을 위한 핵심적 원리

학생을 생각하는 교회학교 교사의 수업전략을 효과적으로 구축하기 위해서는 몇 가지 원리가 기능적으로 작동되어야 가능하다. 그리고 그것은 건강한 성경적 세계관에 근거하여 이루어질 때 안정감 있게 구축할 수 있다. 즉, 하나님의 말씀에 철저히 근거한 성경적 세계관에 기반을 두고, 협동, 자기주도성, 역량기반과 같은 원리가 이루질 때 유의미한 교육적 장들이 나타난다. 그리고 그것을 바탕으로 다양한 교사들의 수업 전략들이 표출될 수 있다.

실제로 학생을 생각하는 교회학교 교사의 수업 전략들은 학생 및 학습 구성원간의 협동의 원리, 학습자의 자기주도적인 활동, 신앙역량과 관련된 실천적 지식 지향의 원리가 핵심적으로 기반이 되어 운영되어지는 전략들이다. 해당 전략들은 학습의 협동, 학생들의 자기주도성이 전제되지 않고서는 기능적으로 운영되기 어렵다. 어떤 의미에서는 불가능하다.

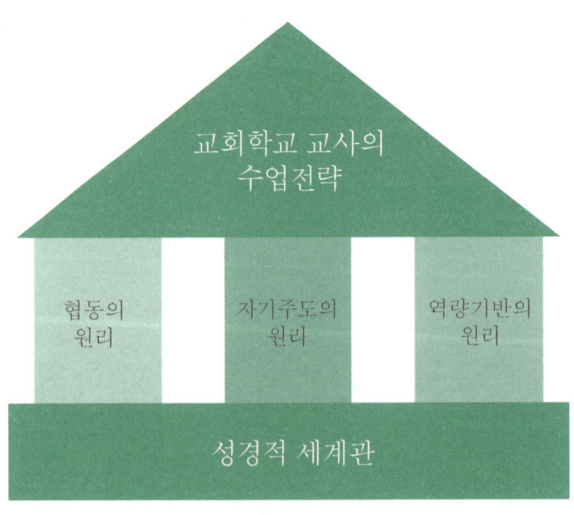

[그림] 학생을 생각하는 교회학교 교사의 수업 원리

교회학교 교사는 전술한 내용들에 대한 이해들을 바탕으로 자신의 수업을 설계하고 수행할 필요가 있다. 또한 그 설계의 과정 속에서 특정한 교육목표를 달성하기 위한 최선의 방법과 전략이 무엇인지 선택할 수 있는 전문성이 있어야 하고, 각 교육방법과 전략의 장점과 단점을 파악하여 배치할 수 있어야 한다. 예를 들어 특정한 교육내용을 지도할 때에 무엇이 그것의 교육목표를 달성함에 가장 적합하고 효과적인 전략인가를 교회학교 교사 스스로가 선택하고 구성할 수 있어야 한다. 성경적 세계관에 근거하여 각 방법의 범위와 한계를 인식하면서 가장 효과적인 사항이 무엇인가를 판단해야 한다. 이는 학습자 중심의 전략뿐 아니라 교사중심의 수업방법과 전략까지도 모두 고려할 수 있음을 의미하고, 가르침에 있어서 가장 효과적인 전략들을 주체적으로 구성할 수 있는 역량이 필요함을 강조하는 것이다. 교회학교 교사는 특정한 방법과 전략으로만 모든 것을 환원하여 적용하고 설명하는 우를 범해서는 안 될 것이다.

협동의 원리

협동학습

협동학습은 상호의존성을 전제로 한 사람도 예외 없이 중요한 역할을 감당함으로서 공동목표에 도달하고자 하는 학습 구조이며 원리이다(강용원, 2008). 이러한 접근을 통해 학생들은 자신들의 자기주도적인 역량도 증진시켜 나아갈 수 있는 것이다(교육부, 2008). 협동학습은 구체적인 4가지 목적을 달성하기 위하여 시도되고 있는데 그 내용은 다음과 같다(강용원, 2008).

[협동학습의 4가지 목적]

○ 목적1: 인지적 성취의 가치를 고양하고, 집단 속에서 동료를 돕고 지지하는 것을 격려하기 위함

○ 목적2: 협동적인 노력과 상호 도움을 통해서 높은 능력을 가진 학생과 낮은 능력을 가진 학생에게 있어서 공히 이해와 격려를 증가시키기 위함

○ 목적3: 모든 학생들이 주인 의식을 갖고, 지속적으로 참여함으로 학습의 결과에 기여하기 위함

○ 목적4: 다문화적인 집단 구성일 때 인종적인 관계의 증진을 위함

이러한 협동학습의 의미와 원리는 경쟁학습과 개별학습 등과 비교해 볼 때 그 의미는 더욱 명확하게 확인할 수 있다.

[협동학습, 경쟁학습, 개별학습 비교]

구분	협동학습	경쟁학습	개별학습
교수활동 형태	문제해결학습, 확산적 사고, 창조적 사고 등으로 학습해야 할 내용은 명료화, 의사결정, 탐구 등으로 다소 융통성이 있음.	기술, 단순지식, 기억, 복습 등으로 학습해야 할 내용은 분명하며 경쟁규칙이 분명히 제시됨.	특별한 기능이나 지식으로 혼동이나 별다른 도움이 필요 없도록 과제가 분명하며, 해야 할 행동도 세분화함.

목표의 중요성 인식	목표는 각 학생들이 중요한 것으로 받아들이며, 각 학생은 집단이 그 목표를 달성할 것으로 기대함.	목표는 학생들이 중요하게 받아들이지 않으며, 단지 성공과 실패로 받아들임.	목표는 학생들이 매우 중요하게 받아들이며, 언젠가는 자신의 목표가 달성되기를 기대함.
학생의 기대	각 학생은 다른 학생과 긍정적 상호작용을 하며 아이디어와 자료를 공유하고, 공동책임, 집단에 기여, 과제 분담, 구성원의 다양성을 이용함.	각 학생은 승리할 수 있는 기회를 균등히 가지며, 경쟁자의 진보 상태를 평가하며, 능력, 기술, 지식 등을 비교함.	각 학생은 다른 학생에 의해 간섭받지 않으며, 과제 완성에 대해 자신이 책임자이며, 자신이 노력과 과제 수행의 질을 평가함.
도움의 원천	다른 학생들이 도움, 지지, 강화의 원천임.	교사가 도움, 지지, 강화의 원천임.	교사가 도움, 지지, 강화의 원천임.

*자료출처: 정문성·김동일(1999); 강용원(2008) 재인용.

　　협동학습은 먼저 교수활동형태에 있어서 문제해결학습, 확산적 사고, 창조적 사고 등으로, 학습해야 할 내용은 명료화, 의사결정, 탐구 등으로 다소 융통성이 있다.
　　다음으로 목표의 중요성 인식에 있어서는 특정목표를 각 학생들은 중요한 것으로 받아들이며, 각 학생은 집단이 그 목표를 달성할 것으로 기대한다.
　　또한 학생의 기대 측면에 있어서는 각 학생은 다른 학생과 긍정적 상호작용을 하며 아이디어와 자료를 공유하고, 공동책임, 집단에 기여, 과제 분담, 구성원의 다양성을 이용한다.
　　마지막으로 도움의 원천적 측면은 각 학생의 동료 학생들이 도움, 지지, 강화의 원천이 된다.

그렇다면 이러한 협동학습을 구체적으로 적용하기 위해 고려해야 할 원리에는 무엇이 있을까? 여기에는 긍정적인 상호의존, 개인적인 책임, 동등한 참여, 동시다발적인 상호작용 등 4가지 원리가 있다(강용원, 2008: 193-196).

[협동학습의 4가지 적용 원리]

○ 긍정적인 상호의존: 긍정적인 상호의존은 '다른 사람의 성과가 나에게 도움이 되고 나의 성과가 다른 사람에게도 도움이 되게 하여 각자가 서로 의지하는 관계로 만드는 것'이다. 긍정적인 상호의존 개념에 대한 모둠 구성원들의 이해는 모둠의 성공을 위해 구성원 개개인 모두의 노력에 대한 필요성을 알게 한다. 또한 긍정적인 상호의존에 대한 이해는 나와 다른 사람과의 관계를 유기적으로 엮어서 학습에 있어서 나의 성공이 다른 사람에게 실질적인 성공으로 이어질 수 있음을 알게 한다. 모둠의 과제를 성취하기 위해 모둠 구성원 모두는 각각의 고유 역할, 과제, 자료 수집 등이 정해져 있음을 알아야 한다. 또한 긍정적인 상호의존은 학생들 모두가 공동 운명을 지녔다는 공동체 의식을 가지고 서로에게 긍정적인 책임감과 자신감을 갖게한다.

○ 개인적인 책임: 협동학습은 구성원 간 협동을 중시하면서 동시에 구성원 개인에 대한 책임을 분명하게 한다. 개인적인 책임이란 학습 과정에 있어서 집단 속에 자신을 감추는 일이 없도록 개인에 대한 구

체적인 역할을 제시하고 그에 대한 책임을 묻는 것이다. 개인의 집단 내 다양한 역할은 다음과 같다.

1) 격려 역할: 모둠 활동에서 소극적이고 부정적인 학습자의 동기를 강화
2) 칭찬 역할: 다른 사람의 아이디어와 기여를 칭찬
3) 축하 역할: 다른 사람의 성취를 축하
4) 문지기 역할: 모둠 내 모든 구성원의 평등한 참여 보장
5) 코치 역할: 학습내용에 도움
6) 질문 관리 역할: 학습자들이 각기 질문을 하고, 그에 따라 구성원들을 적절히 대답하게 함
7) 확인 역할: 구성원 모두가 이해하고 있는지 확인
8) 과제 감독 역할: 집단 전체가 주어진 과제에 충실하게 함
9) 기록 역할: 구성원 간 제기하는 아이디어와 결정사항을 기록함
10) 검토 역할: 모든 과정을 검토함
11) 시끄러움 방지 역할: 모둠에서 집중 유지와 소란을 방지함
12) 자료수급 역할: 협동작업에 필요한 물품을 가제하고 되돌려 줌

이외에도 다양한 모둠 활동 가운데 요청되는 역할이 있다면 역할을 창의적으로 구성하여 구체적인 활동을 수행하게 한다.

○ 동등한 참여: 동등한 참여는 학습자 모두가 적극적으로 참여할 수 있도록 유도하면서 일부에 의해 독점하거나 반대로 참여하지 못하는 일이 없게 하는 것이다. 전통적인 소집단 학습에서는 발표력

이 뛰어난 학생이나 외향적인 학생들이 모둠 내에서 발언을 독점하는 반면 발표력이 부족하거나 내성적인 학생은 모둠 활동에서 쉽게 소외된다. 이를 극복하기 위해 협동학습에서는 동등한 참여를 실현하기 위해 누구에게나 참여할 수 있는 기회를 부여하고 역할과 책임도 각자에게 동등하게 나눈다. 물론 이것은 개인마다 가진 특성이나 능력이 다른 상황에서 동등한 기준의 행동을 요구하는 것이 아니다. 이것은 자신이 참여할 수 있는 기회를 동등하게 부여함으로써 공동체 속에서 자신이 차지하고 있는 부분을 실질적으로 누리게 하는 것이다. 그러므로 동등함 참여는 각자의 개성과 능력을 충분히 발휘할 수 있는 공간을 열어주는 데 목적이 있다.

○ 동시다발적인 상호작용: 동시다발적 상호작용은 모든 학생들이 예외 없이 수업에 적극적으로 참여하게 만드는 것이다. 순차적인 구조 속에서는 수업 구성원들 모두가 정해진 시간 내에 발표하는 것은 불가능하다. 그러나 모둠 안에서 짝 토의방식을 적용하면 짧은 시간 내에 모든 학생들이 발표를 할 수 있게 된다. 이 과정에서 동시다발적인 상호작용을 효과적으로 진행하기 위해서는 '동시 시작'과 '동시 멈춤'이 잘 이루어져야 하며, 이는 교사가 통제할 수 있어야 한다. 토의나 필기를 할 때에도 동시에 시작하고 동시에 마치는 것이 중요한다. 하던 것을 다 마치지 못한 모둠이 발생할 경우 그 상태로 정지해야 하는데, 부족하였던 것은 별도의 시간을 주거나 숙제로 부과해서 일부 때문에 전체 진행에 무리가 없게 해야 한다.

신앙교육에 있어 협동의 의미

　신앙교육을 통해서 학생들에게 전수해 주어야 할 주요한 내용은 바로 공동체성이다. 예수 그리스도의 몸과 지체들로서 학생들은 실제적으로 자신들의 신앙동료와 교회학교 수업 과정을 통해서 섬김, 연합, 나눔 등의 가치들을 학습할 필요가 있다. 협동학습의 원리는 이러한 공동체에 대한 가치를 강조하여 학생들로 하여금 자신들의 신앙생활의 풍성함을 맛볼 수 있는 의미 있는 수업이 될 것이다.

　이와 관련하여 John Van Dyk는 기독교교육에서의 협동학습의 수행 절차를 정리하여 소개해 주었다(John Van Dyk, 1996; 상용원, 2008 재인용). 그는 효율적인 협동학습을 위해 분위기 조성, 모둠 형성, 역할 결정, 과제 설명과 상호의존성 구조화, 모둠활동 조성, 마무리, 정보처리 등 7단계의 따른 구체적인 사항들을 제시하였다.

[John Van Dyk가 제안하는 협동학습의 기독교교육적 활용]

단계	주요 내용
[1단계] 분위기 조성	- 생각 이끌어내기 - 수업에 대한 기대 - 교사와 학생들간의 의견 교환 - 전체 수업을 위한 분위기 조성
[2단계] 모둠 형성	- 교사의 그룹 구성 제안(학생 선택도 가능) - 성별에 따른 그룹 구성 혹은 학습 수준에 따른 그룹 구성 등 다양하게 적용 가능

[3단계] 역할 결정	- 기본적인 역할로서 리더, 서기, 발표자 역할 필요 - 역할결정은 그룹의 수행과제 성격에 따라 다양하게 설정될 수 있음 - 역할은 특정 학생에게 고정되지 않고 모든 학생이 역할을 순환하여 배정
[4단계] 과제 설명과 상호의존성 구조	- 교사는 1회의 과제 설명 - 과제에 대한 반복설명과 상세화는 학생들의 그룹 안에서 서로 명료화를 거침
[5단계] 모둠활동 조성	- 교사는 협동학습 중 학생들과 함께 있어야 함 - 모둠을 돌면서 학생들의 역할 수행 관찰 - 학생들 스스로가 모둠 안에서 문제를 해결할 수 있도록 수행
[6단계] 마무리	- 협동학습 결과를 모둠별로 발표 - 새로운 아이디어 도출
[7단계] 정보처리	- 마무리 단계를 거친 후 협동학습 활동을 성찰 및 평가

이러한 접근 속에서 교회학교 교사는 학생들의 협력적인 풍토를 조성하고, 그 속에서 신앙의 깊은 내용들을 학습해 나아갈 수 있도록 제시한다. 또한 학생들로 하여금 학습의 몰입도와 흥미를 끌어올려 주어 학생참여적인 학습이 이루어질 수 있도록 실천한다.

자기주도의 원리

자기주도학습

자기주도학습(self-directed learning)은 학습자 중심 수업에 있어 핵심적인 전제 조건이 되는 원리이자 접근방법이다. 이러한 자기주도학습에 대한 논의가 활발하게 이루어진 것은 Tough(1971)의 자기교수방법에 대한 연구에서 시작되었으며, 이후 Knowles에 의해 체계화되어 학습에 있어 의미 있는 사항들을 제시하게 되었다.

자기주도학습의 가장 일반적이고 대표적인 정의와 접근은 학습에 있어 학습자가 교사나 그에 준하는 환경으로부터 도움을 받지 않고 자기 스스로가 학습을 수행해 나아가는 개념으로 이해할 수 있다(Knowles,1975; Tough,1979). 이러한 개념이 조금 더 발전하여 Zimmerman(1990)에 이르러서는 학생이 자신의 학습을 수행할 때 동기적으로나 행동적으로 자신이 학습에 적극적으로 스스로 참여하는 것으로 이해하게 되었다.

이러한 대표적인 이론가들의 개념들을 종합하여 정리하면 다음과 같다. 자기주도학습이란 "타인 없이 학습자 스스로 자신의 학습욕구를 진단하고 학습목표를 설정하며 그 학습에 필요한 자원을 확보하고 적합한 학습전략을 선택, 실행하여 자신이 성취한 학습결과를 평가하는 데 있어서 개인 스스로 주도권을 갖는 것"을 의미한다(이윤옥, 2006).

그러므로 자기주도학습에서는 학습자의 자기 관리와 자기주도성이 강조되며, 학습목표의 설정, 학습 방법의 선정, 평가에 이르는 학습의 전과정에서 자신의 역할과 주도성이 강조됨을 확인할 수 있다. 자기주도학습의 의미를 좀 더 분명하게 하기 위하여 교사주도학습과의 관계를 비교하여 본다면 다음과 같다.

[교사주도학습과 자기주도학습 비교]

학습자 조건	교사주도학습	자기주도학습
학습자의 의존성 및 자기주도성	학습자는 본질적으로 의존적인 존재다. 따라서 교사는 학습자가 배워야 할 내용과 방법을 결정할 책임이 있다.	학습자는 성숙을 통해 자기주도성을 개발할 수 있으며, 이를 위한 교육이 필요하다.
학습자의 경험	학습자의 경험은 학습 자원으로 가치가 적다. 교사는 전문가들의 자원을 전달할 책임이 있다.	학습자의 경험은 전문가의 자원과 더불어 개발되어야 하는 풍부한 자원이다.
학습자의 준비도	성숙수준이 같은 학습자는 동일한 내용을 학습할 준비가 되어 있다.	성인학습자는 자신의 생활과업이나 생활문제에 적절히 대처하기 위해 학습할 준비가 되어 있다.
학습 성향	학습자는 교과 중심적 학습성향을 가지므로 학습경험은 단원의 내용에 따라 조직되어야 한다.	교과 중심적 학습 성향은 학습자의 과거의 학교 경험을 통해 조건화된 결과이다. 학습경험은 과제 중심적·문제 중심적으로 조직되어야 한다.
학습동기유발	학습자는 점수·학위 등 외적 보상 또는 실패나 처벌에 대한 두려움으로 인해 학습동기가 유발된다.	학습자는 내적 자극에 의해 학습동기가 유발된다.

*자료출처: 신용주(2013). p.80 재구성

 자기주도학습의 과정 및 단계에 대하여 Zimmerman(2000)은 계획, 수행, 성찰의 단계로 구분하여 제시하고 있다(박성희 외, 2013: 76 재인용).

[자기주도학습의 단계]

  ○ 계획단계: 실제적으로 과제를 수행하기 위하여 앞으로의 수행 단

계에 큰 영향을 미치는 단계로서 과제를 분석하고 계획하는 과정 그리고 동기에 관련된 요인을 포함한다. 학습에 참여하는 학습자는 자기조절학습의 계획 단계에서 수업을 분석하고, 그것을 자신의 학습 목표와 결부시켜 과제의 가치를 발견한다.

○ 수행단계: 본격적으로 자기조절학습을 실행에 옮기는데, 이 단계에서는 학습자가 과제에 집중하고, 수행을 최적화하기 위한 다양한 전략을 적용하고 시도한다. 구체적으로 다음과 같은 활동을 수행한다.
 - 자신의 학습과정 관찰
 - 수행결과를 확인하는 지속적인 모니터링의 과정 반복
 - 시연, 정교화, 조직화와 같은 인지적 전략 활용
 - 동기나 감정을 조절하는 전략 활용
 - 자기관찰, 노력 관리, 시간 관리 등을 통해 행동 조절

○ 성찰단계: 학습의 전과정을 평가하고 그에 따라 반응하게 한다. 학습자는 자신의 지식이나 기술, 학습과정이나 학습 결과를 자기평가 한 후에 자신의 학습에 대해 긍정적 혹은 부정적으로 판단한다. 학습자는 학습 결과를 스스로 평가하고, 이러한 평가 결과를 성찰하고 학습과정에 전략적으로 적용하는 능력을 학습포트폴리오를 통하여 개발을 시도한다.

교회학교 교사들은 자신의 수업을 설계함에 있어 해당 계획, 수행, 성찰의 단계를 고려하면서 수업을 운영하며, 이를 구체적으

로 달성하기 위한 관심을 유지하면서 체계적으로 이를 적용하여 자신의 수업을 운영할 필요가 있다.

신앙교육에 있어 자기주도성의 의미

한 개인의 신앙생활에 있어 자기주도성은 매우 중요하다. 한 사람이 성숙한 그리스도인으로 살아감에 있어 스스로 성경을 읽고, 스스로 기도를 하고, 스스로 개인의 경건을 위해서 신앙 고전을 읽어 나아가는 것은 기본이며, 이를 바탕으로 그리스도인으로서의 구체적인 삶의 모습들을 표출해 낼 수 있기 때문이다. 또한 그리스도인의 삶은 다양한 신앙적 문제와 갈등을 끊임없이 일상 속에서 경험하는데 학교생활, 직장생활, 결혼생활, 직분자로서 교회생활 등 신앙인의 모든 삶과 미래의 삶의 양식 속에서 직면하게 될 신앙적 이슈들을 다른 사람이 아닌 자신 스스로가 성숙한 그리스도인의 삶의 표준에 준하여 해결하고 헤쳐 나아가야 하기 때문이다.

이러한 과정은 다른 누군가 대신 감당하여 줄 수 있는 것이 아니며, 그럴 수도 없는 사항들이다. 신앙인으로서 본인 스스로가 하나님의 말씀에 근거하여 해결하고, 헤쳐 나아가야 할 부분이다. 그러므로 신앙교육에 있어서 스스로가 문제를 해결하고, 스스로가 학습하면서 삶을 영위하게끔 지도하는 것은 매우 중요한 요소이며, 이를 바탕으로 개인은 공동체와 다른 지체들을 섬길 수 있는 원동력을 만들 수 있다.

이 과정에서 교회학교 교사는 학생들에게 안정감이 있는 버팀목과 경계를 설정해 주는 도움자와 안내자의 역할을 수행해야 함을 절대로 잊어서는 안 된다. 학생들의 자기주도성을 통해서 학습의 몰입도와 효과를 극대화하고자 하는 것이지, 학생 마음대로 진리에 대해서 평가하고, 판단하여 잘못된 방향으로 결정하도록 하는 것이 교회학교 교사의 역할이 아니기 때문이다.

교회학교 교사는 하나님의 정확무오한 말씀이 가르치는 바를 중심으로 학생들이 자신의 생각을 전개해 나아갈 수 있도록 지원해 주어야 한다.

역량기반의 원리

역량의 의미

본 절에서는 역량의 이론적인 개념을 설명하고자 한다. 이를 위해 이현철(2012)의 『교회학교 다문화 역량의 의미와 개발』에서 역량과 관련한 사항의 주요 내용을 발췌하여 수정·보완 하였다. 주지하고 있듯이 급속히 발전하고 있는 사회 속에서 적응하며 살아가는 이들에게 요구되는 역량은 그 시대의 변화를 반영하여 구성된다. 이를 구체적으로 표현해보면 한국사회를 살아가는 학생들이 기능적인 사회 구성원으로서 역할을 수행하며 살아갈 수 있도록 하는 역량은 무엇인가하는 것이며, 그와 관련된 역량을 길러주는 것이 중요한 이슈가 되고 있다.

역량의 개념은 단어적 수준에서 competence, competencies, competent behavior, competent person의 의미를 정확하게 규

정하거나 구별해서 사용하지는 않고 있으며 능력(ability), 자격(qualification), 효율성(effectiveness)과 같은 의미로 사용되기도 한다(Weinert, 2001).

이러한 역량의 개념은 크게 두 가지로 나누어 살펴볼 수 있는데 첫째는 기업경영, 인적자원개발, 인적자원관리와 같은 조직이론이나 경영전략가들이 개발한 거시적 개념이며, 둘째는 산업 심리학자들이나 조직을 중심으로 발전한 미시적 개념이다(박우성, 2002). 특별히 미시적 차원에서 개인의 역량 개발은 기업에서 역량 중심의 인적자원 시스템과 연계하여 역량모델 개발을 통해 많이 논의되어 왔다. 즉, 역량은 일반적으로 기업체에서 인재를 충원할 때 요구하는 기술과 지식을 개인이 얼마나 갖추었는가를 평가하기 위해 사용되었는데 여기서 역량은 직무에서 효과적이고 탁월한 수행을 가능하게 하는 개인의 내적인 특성으로 보았다(윤갑정·김미정, 2008).

이러한 관점은 Spencer & Spencer(1993)가 정의한 '특정한 상황이나 직무의 기준에 비추어 평가했을 때 효과적이고 우수한 성과의 원인이 되는 개인의 내적 특성'의 개념과 연결된다. 이와 같이 역량은 성과의 원인이 되는 개인의 내적 특성으로 비교적 장시간 지속되는 사고나 행동방식이며 단순한 지식이나 경험이상으로 표면적으로 드러나지 않는 내적인 특성들로 구성된다고 할 수 있다(Spencer & Spencer, 1993).

또한 포괄적인 역량에 대한 논의는 OECD(1997)의 DeSeCo: Definition and Selection of Competencies 프로젝트에서도 확인할 수 있다. DeSeCo에서 정의한 역량은 단순한 지식이나 기술을 의미하는 것이 아니라 특정맥락의 복잡한 요구를 지식과 인지적·실천적 기술뿐만 아니라 태도, 감정, 가치, 동기 등과 같은 사회적·행동적 요소를 통해 성공적으로 충족시키는 능력을 의미한다. 그리고 사회의 지속적 발전과 통합은 사회전체 구성원의 역량에 의존하게 되며, 이때 개인의 역량은 지식, 기술, 태도, 가치관을 모두 포함하는 포괄적인 개념이라고 할 수 있다. 사람에게 필요한 역량은 다양하지만 DeSeCo에서는 공통적이고 일반적인 역량을 그룹화하여 제시하고 있으며, 핵심역량으로 선정되기 위한 조건을 다음과 같이 규정하고 있다(주인중·박동열·진미석, 2010).

첫째, 핵심역량은 사회와 개인을 위한 가치있는 '성과달성'에 기여할 수 있어야 한다. 둘째, 개개인이 폭넓은 맥락과 환경에서 발생하는 중요한 요구들에 부합할 수 있도록 도와줄 수 있어야 한다. 셋째, 특정한 집단이나 전문가뿐만이 아니라 모든 개개인에게 중요한 능력이다. 이러한 DeSeCo 프로젝트는 구체적으로 도구의 상호작용적 활용(Using tools interactively), 이질적 그룹 내 상호작용(Interacting in heterogeneous groups), 자율적 행동(Acting autonomously)의 3가지 영역으로 역량을 구분한다. 도구적 상호작용적 활용은 주변환경과 효과적으로 상호작용하기 위해 다양한 도구(언어, 기술, 정보 등을 포함)를 활용하고, 도구에 대한 충분한 이해를 목적에 맞게 적용할 수 있는 능력이다. 이질적 그룹 내 상호작용은 상호의존성이 증대되는 사회에서 서로 다른 배경을 가진 타인들과 상효작용할 수 있는 능력이다. 자율적 행동은 자신의 삶을 주도하고 보다 넓은 사회적 맥락 속에 개인의 삶을 이해하고 자율적으로 행동 할 수 있는 능력을 의미한다. 이러한 다양한 수준에서 역량에 대한 논의는 개인의 성취 수준과 기초 능력을 가늠하는 핵심적인 요소로서의 역량을 규정하고 있으며, 이는 단순히 한 개인의 특정한 측면과 능력만을 강조하는 것이 아니라 개인의 총체적 능력을 의미하고 있음을 확인 할 수 있다.

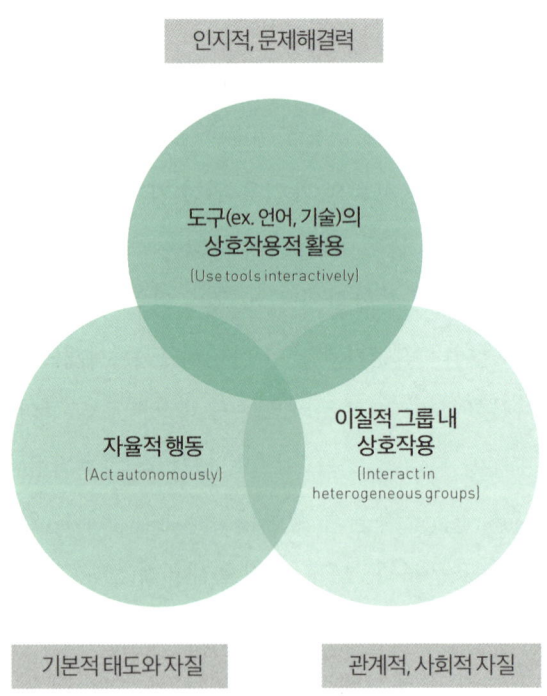

[그림] DeSeCo의 핵심역량 영역 분류

*자료출처: 한국직업능력개발원(2010) 직업기초능력 영역 및 성취기준

신앙교육에 있어 역량기반의 의미

역량기반의 의미는 기독교교육과 교회교육 현장에 의미 있는 시사점을 주고 있으며, 이에 대하여 박은숙(2013)은 다음과 같이 정리해주고 있다.

> 첫째, 역량기반의 접근을 통해 학생들은 단순히 사고할 뿐만 아니라, 사고한대로 책임 있게 기독교적인 행동을 하도록 지도할 수 있다는 점이다.
> 둘째, 역량기반의 접근은 단순히 지식만을 제공하는 학습의 차원을 넘어서 지식과 실천, 실제적인 삶의 문제를 해결 할 수 있는 경험을 제공하며 지도할 수 있다는 점이다.
> 셋째, 역량기반의 접근은 기독교 공동체의 구성원으로서 학생의 개성과 재능을 개발하여 공동체에서 봉사와 헌신으로 섬길 수 있도록 지도할 수 있다는 점이다.

전술한 박은숙의 제시를 고려하면서 장화선(2017)은 좀 더 미시적으로 역량기반의 중요성을 강조하고 있는데 흥미롭다.

장화선(2017)은 기독교교육관련 전공자들의 역량기반교육과 학습을 강조하면서 기독교교사들에게 사회가 요구하는 역량을 갖춘 종교교사로서의 양성과정을 강조하였다. 장화선의 문제의식은 동일하게 교회학교 교사들에게도 적용된다. 교회학교에서 이루어지는 수업과 교육과정 속에서 학생들이 그리스도인으로서 갖추어야 할 역량과 이를 구체화하여 집중적으로 개발할 수 있는 수업들을 진행하는 것을 의미하기 때문이다.

학생들이 신실한 그리스도인으로서 이 땅을 살아감에 있어 세속적인 사회와 현상 속에서 그리스도인으로서의 정체성을 지키며 살아가고, 실제적인 삶의 여정 속에서 직면하게 되는 신앙적인 갈등과 딜레마들을 그리스도인답게 잘 감당해나갈 수 있는 역량을 키워주는 것이 핵심이다.

이는 흥미로운 부분인데 현재 한국교회 내 청소년과 청년들에 있어 심각한 문제는 그들이 신실한 그리스도인으로 살아갈 수 있는 힘과 능력이 부재하다는 것이다. 구체적으로 그들이 세속적 가치와 사회 속에서 그리스도인답게 사고하고, 현상을 해석하고, 이를 바탕으로 실천에 옮길 수 있는 역량이 부족하다는 것이다.

이를 위해서 논의되어야 할 사항은 교회기관별 혹은 연령에 따라 그리스도인으로서 실제적으로 갖추어야 할 역량은 무엇인가 하는 본질적인 문제와 맞닿아 있다. 하지만 이는 천편일률적으로 정할 수 있는 문제는 아니며 그리스도인에게 요청되는 다차원적인 가치와 덕목들을 모두 고려하여 역량을 구성할 필요가 있을 것이다. 하지만 그동안 주요 교단과 기독교교육 전문기관에서 발단단계에 따라 학습해야 할 주요한 신앙적 지식과 내용들을 구성하고 있으며, 특정 기관에서는 계단식 공과의 형태로 시계열적인 주요 항목들까지도 구축한 상황이다.

그러므로 그리스도인으로 요구되는 역량의 핵심적인 사항을 정의함에 있어서는 교회와 교단의 형편에 따라 특정한 영역과 사항들을 강조할 수 있는 환경이 구축되어져 있으므로 이를 중심으로 단위 교회에 적합한 역량들을 구성해 볼 수 있다. 다음은 대한예수교장로회(고신)의 교육이념과 교육목표에 따른 사항들이다. 이는 각 발달단계에서 요청되는 기본적인 역량과 교육의 지향점과 밀접하게 관련되어 있다.

[대한예수교 장로회 고신총회 교육이념]

개혁주의 정신에 입각하여 웨스트민스터 표준서들 (신앙고백서, 대교리문답, 소교리문답, 예배지침, 교회정치 및 권징조례)을 따라 하나님을 사랑하고 이웃을 사랑하는 그리스도인을 양성한다.

<교육목적>

성경을 가르쳐:
삼위일체 하나님을 바로 알고, 사랑하며, 섬기게 한다(예배적 인격).
하나님의 형상인 사람을 이해하고 사랑하며 도우고 그리스도를 전하게 한다(인화적 인격).
자기의 존재 의의와 특별한 사명을 자각하여 자기의 선 자리에서 맡은 일에 충성하게 한다(문화적 인격).
이러한 그리스도인을 양성하여 신앙의 정통과 생활의 순결을 겸비케 한다.

<부서별 교육목표>

유아부(4-5세) 교육목표

- 세상을 만드신 하나님과 구원하신 예수님을 안다.
- 하나님과 예수님을 사랑하고 예배한다.
- 성경은 하나님의 말씀임을 안다.

유치부(6-7세) 교육목표

- 세상을 만드신 하나님과 구원하신 예수님을 안다.
- 하나님과 예수님을 사랑하고 예배한다.
- 성경은 하나님의 말씀임을 알고 읽는다.
- 가족을 사랑하고 형제, 자매와 잘 지낸다.
- 친구와 사이좋게 지내며 친구를 돕는다.
- 하나님의 창조 세계를 아끼고 돌본다.

초등1부(초등학교 1, 2, 3학년) 교육목표

- 하나님이 우리를 돌보심을 안다.
- 예수님의 구원사역을 알고 믿는다.
- 하나님의 말씀인 성경을 읽고 순종한다.
- 교회의 예배와 활동에 즐겁게 참여한다.
- 친구와 교제하고 전도한다.
- 하나님이 만드신 창조세계를 사랑하고 돌본다.

초등2부 (초등학교 4, 5, 6학년) 교육목표

- 삼위일체 하나님을 알고 예배하고 섬긴다.
- 구속 역사를 알고 예수님을 구주로 영접하고 믿음의 성장을 위해 노력한다.
- 성경을 매일 읽고 묵상하며 실천한다.
- 하나님의 자녀 됨의 신분을 알고 합당한 생활을 한다.
- 복음을 확신하고 국내외 친구들에게 복음을 증거하는 삶을 산다.
- 창조세계의 청지기로서 하나님이 주신 재능을 개발하고 주변 문화를 분별할 줄 안다.

중등부 교육목표

- 성경을 신앙생활의 원리로 삼는다.
- 하나님을 바로 알고 섬긴다.
- 예수님의 삶과 죽음의 의미를 안다.
- 하나님의 자녀로서의 자아를 확립하고, 이웃을 사랑한다.
- 가정에서 자기 역할을 감당 한다.
- 교회의 참 뜻을 안다.

고등부 교육목표

- 성경을 신앙생활의 원리로 삼는다.
- 삼위일체 하나님의 본성을 알고 하나님 중심의 삶을 산다.

- 예수님을 통한 구원사역의 의미를 안다.
- 하나님의 형상으로서의 인간을 이해하고 타인과의 바른 관계를 확립한다.
- 성경적 교회관을 확립하고 교회생활에 열심을 다한다.
- 기독교 세계관을 확립하고 실천한다.
- 모든 영역에서 하나님께 영광을 돌리는 삶을 산다.

대학부 교육목표

- 신구약 성경은 정확무오한 하나님의 말씀임을 믿고 성경적 교리를 탐구하여 개혁주의에 입각한 신관, 인생관, 세계관을 확립한다.
- 비기독교적 사상 체계와 여러 제도에 대하여 기독교적 입장에서 연구, 비판하는 정신을 가진다.
- 교회의 일원으로서 하나님이 제정하신 교회의 권위와 제도를 바로 이해하여 순복하고, 성실한 마음과 신앙적 지성으로써 교회를 봉사한다.
- 가정, 사회, 국가 및 세계를 하나님의 주권 하에 정복할 수 있는 신앙과 생활 능력을 가진다.

청년부 교육목표

- 영적 공동체인 교회에서 맡은 일에 충성하고 성도의 교제와 봉사에 힘쓴다.

- 경건한 가정생활을 이룩하고, 하나님의 말씀으로 자녀를 양육한다.
- 그리스도인으로서 급변하는 사회를 통찰하고, 사회를 복음화하기 위하여 원만한 대인관계를 가지며, 주체성 있는 봉사활동을 한다.
- 모든 직업을 하나님으로부터 받은 사명으로 알고, 거룩한 의욕을 가지고 능률 있게 일하고, 개혁주의 신앙인물이 된다.

장년부 교육목표
- 하나님을 즐거워하며, 성경을 주야로 묵상하고, 기도에 힘쓰며, 복음을 전한다.
- 여호와의 집의 청지기로서 교회를 섬기며, 사랑과 덕과 감화력 있는 설득으로 연소자들을 지도한다.
- 믿음으로 가정을 다스리며, 경제적 책임을 지고, 주 안에서 자녀를 양육한다.
- 하나님의 나라를 땅 위에 이룩하기 위한 모든 노력을 경주하고 장로 교인으로서 소망을 가지고 죽도록 충성하는 성도가 된다.

이러한 맥락에서 교사들이 해야 할 역할은 성경과 기독교세계관에 근거하여 학생들이 길러야 할 그리스도인으로서의 역량을 좀 더 세부적으로 구성 및 정의하는 것이다. 그리고 그에 준하여 해당 역량을 함양할 수 있는 단위 교회 및 교회기관만의 교육과정과 수업을 구성하여 구체적으로 실천해나가는 것이다. 아래의 표는 기존의 교육과 역량기반 교육을 교육학적인 측면으로 비교한 것인데 역량기반 교육의 의미와 특징을 시사해주고 있다.

[기존교육과 역량기반 교육 비교]

기존 교육	역량기반 교육
교수목표 중심	역량중심
투입과정 중심(가르쳐야 할 것)	산출과정 중심(성취해야 할 것)
단기적 목표	장기적 목표
학습한 것의 축척과 재생산	학습한 것의 창출과 적용
단편적(정해진 수업시간에 요구되는 결과)	총체적(최종 단계에서 요구되는 결과)

*자료출처: 곽영순(2012). p.856 재구성

2. 교회학교 교사의 수업 전략

지금부터 학생이 주인공이 되는 교회학교 수업을 위해 교회학교 교사가 수행할 수 있는 구체적인 수업 전략과 교육방법들을 살펴보고자 한다. 무엇보다 중요한 것은 교사가 특정한 교육주제와 내용에 대하여 주체적으로 방법을 선정하고, 가장 효과적인 접근법을 구성해나가는 것이다. 이를 위해서는 교사 스스로가 다양한 실천적 접근법을 가지고 있어야 한다. 본고에서는 최대한 학생들이 주인공이 될 수 있는 수업 전략과 방법들을 소개하고자 한다.

물론 강의법을 중심으로 한 교사중심적인 접근법도 교육내용과 수업구성에 있어서 중요하며, 이 역시 교사의 수업 설계 가운데 적절히 활용할 수 있다. 다만 여기에서는 구체적인 학생중심적인 접근법만을 다루고자 하였고, 최신의 전략들을 중심으로 정리하였다.

문제기반학습(PBL: Problem Based Learning) 전략

문제기반학습의 의미

최근 교수-학습이론의 변화는 교수자 중심 체제에서 학습자 중심 체제로의 이양에 있다. 이는 교수-학습과정의 패러다임 변화를 의미하며, 학습자의 능동적인 참여를 전제하여 수행된다. 즉, 과거와는 달리 교사의 일방적인 수업을 지양하고, 학생들이 좀 더 학습 과정에 참여할 수 있는 기회와 장들을 적극적으로 열어주는 것이다. 이러한 접근의 장점은 학습에 대한 학생들의 몰입도를 극대화하여, 학습의 효과성을 담보하는 것에 있다.

문제기반학습은 전술한 맥락을 대표적으로 구현하고 있는 접근으로서 학생들의 학습과정과 학습, 그리고 활동을 매우 강조하고 있다. 초기 문제기반학습은 맥매스터 의대생들의 교육과정 속에서 도출된 여러 한계점들을 극복하기 위하여 시작되었으며, 전통적인 강의 중심의 의료 교육을 보완하여 학생들이 스스로 의료 상황을 해결해 나갈 수 있도록 하기 위해 수행되었다(이수인, 2014). 이후 교육 영역 속에서 실제적인 적용 사항들이 의미 있게 소개됨으로서 다양한 전공과 영역에서 광범위하게 적용하고 있다.

일반적으로 문제기반학습은 교사에 의해 주어진 문제 혹은 직면하고 있는 실제적인 문제를 바탕으로 해당 문제에 대한 해결책을 찾아가는 과정을 중요시하며, 학생들이 해결책을 찾아가는 모든 활동 속에서 이루어지는 학습을 의미한다(Barrows & Tamblyn, 1980).

문제기반학습의 과정

문제기반학습 과정에서 학생들은 특정한 학습주제와 관련된 문제 혹은 문제 상황을 제시받게 되고, 학생들은 해당 문제를 명확하게 이해하고, 그것을 해결하기 위한 자료 수집, 동료들과의 토론 등을 수행하여 미션을 해결해 나아가는 것이다. 이 과정에서 학생들은 주어진 문제와 관련하여 자신이 가지고 있었던 기존의 지식과 경험을 활용하고, 자료수집과 동료들과의 협동적인 활동 및 토론을 통해서 새로운 지식과 경험을 더하여 문제를 해결해나가는 것이다. 구체적으로 학생들은 아래의 3가지 사항들을 체크하여 좀 더 심층적인 접근을 이룰 수 있다.

○ Check point 1: 제시된 문제를 해결 할 수 있는 방법은 무엇인가?
○ Check point 2: 제시된 문제해결과 관련하여 내가 알고 있는 것은 무엇인가?
○ Check point 3: 제시된 문제를 해결하기 위해 내가 좀 더 학습해야 할 것은 무엇인가?

Check point 1단계에서 문제해결을 위한 핵심적인 아이디어를 정리하고, 이를 위한 방향을 제시하는 큰 그림들을 구성한다. check point 2단계에서는 문제해결을 위한 구축된 방향성 속에서 현재 자신이 알고 있는 것과 정보들을 정리하여 구성한다. 마지막으로 check point 3단계에서는 문제해결을 위하여 자신이 구체적으로 좀 더 조사해야 할 사항을 도출하고, 동료들과의 협동 속에서 확인해야 할 것들을 정리한다. 이 과정들 속에서 교사는 학생들이 문제를 명확하게 이해할 수 있도록 도와주고, 학생과 그의 동료들이 문제를 해결해 나아갈 수 있도록 안내하는 역할을 수행한다. 해당 사항들을 학생들의 학습활동 과정에 집중하여 정리하면 다음과 같다.

[PBL 수행을 위한 단계 및 활동 요약]

단계	PBL 수행을 위한 활동	학습 특징
[1단계] PBL활동을 위한 환경 구성	- 교회학교 교사의 학습목표 설명 - 교회학교 교사의 학습자 역할 설명 (교회학교 교사의 역할 설명 포함)	집단전체
[2단계] 교사가 해결할 문제제시	- 제시될 문제에 대한 책임 있는 자세 강조 - 문제 제시	집단전체
[3단계] 제시된 문제에 대한 해결방법 추정	- 조별 역할을 분담 - 조별 내 아이디어 적극 수용 - 제시된 문제에 대한 기본적인 해결방안 정리 - 학습을 위한 자료 선택	개인 및 조별
[4단계] 개인(자율)학습	- 개인 자율 과제 수행 - 개인적 자료 수집 및 탐색	개인

[5단계] 동료 토론	- 조별 토론(동료) - 동료 학생의 조사 사항 및 개별 차이 확인 (협동학습)	조별
[6단계] 토론 결과 발표 및 공유	- 조별 조사 항목 발표 및 공유	집단전체
[7단계] 교사의 정리 및 평가	- 일반교육 시 평가 - 자기 성찰 과정 시도	집단전체 및 개인

문제기반학습의 적용을 위한 문제 예시

본 절에서는 문제기반학습을 실제적인 적용을 위한 교회교육 내 주요한 이슈들에 대한 예시적인 문제를 구성해보았다. 이는 가상적인 상황이나 연령별 신앙 발달에 있어 학습해야 할 실제적인 주제들이다. 우선 신앙교육을 위한 문제 선정과 개발에 있어 몇 가지 사항을 고려해야 하는데 그 내용은 아래와 같다.

[바람직한 문제의 방향]
○ 제시된 문제는 다양한 해결방법과 전략을 포함해야 한다.
○ 제시된 문제는 학생의 신앙적인 경험에 기초하여 문제가 구성되어야 한다.
○ 제시된 문제는 협동학습을 통해서 이루어질 수 있어야 한다.
○ 제시된 문제는 실제적인 신앙생활 속에서 발생하고 있는 문제로 구성되어야 한다.

〔바람직하지 못한 문제의 방향〕
○ 제시된 문제가 특정한 문제해답만을 가지고 있는 문제는 지양해야 한다.
○ 제시된 문제가 단순히 공과교재의 학습 제목과 목표를 기재하는 수준이 되어서는 안 된다.
○ 제시된 문제가 학생들의 신앙적인 경험과 동떨어진 문제가 되어서는 안 된다.
○ 제시된 문제가 개인 학습을 통해서도 할 수 있는 문제를 지양해야 한다.

이를 바탕으로 교회교육 내 주요한 이슈들에 대한 예시적인 문제를 구성해 본다면 다음과 같다.

○ 예시 1

◎ 대주제: 예배의 중요성
◎ 학습목표: 예배 시간에 휴대폰 사용을 억제할 수 있다.
◎ 제시된 문제: "휴대폰만 만지는 현철이와 임원들의 갈등"

　○○교회 고등부 현철이는 교회 나온 지 오래되었고, 예전에는 교회 찬양대로도 섬겼다. 최근 현철이는 얼마 전 생일 선물로 받은 최신 휴대폰을 통해 ㅁㅁ게임에 푹 빠져있다. 심지어는 목사님의 설교 시간에도 게임을 하고 있으며, 휴대폰을 만지며 집중을 하지 않는 모습을 종종 보인다. 더욱 더 큰 문제는 현철이가 교회 선배로서 인기가 많아 후배들도 많이 따르는 데 있다. 그래서 현철이와 함께 놀고 게임을 하기 위해서 후배들 역시 예배 시간만 되면 현철이와 같이 앉는다. 그때 예배시간임에도 불구하고 게임을 하기도

하고, 휴대폰으로 장난을 친다. 이에 대해서 고등부 임원들이 몇 번 현철이에게 예배 시간에는 휴대폰을 만지지 말자라고 하였지만 소용이 없었다. 그러면서 임원들과 현철이의 사이만 더 나빠지게 되었다. ○○교회 임원들은 어떻게 해야 할까?

○ 예시 2

◎ 대주제: 복음 전파와 전도
◎ 학습목표: 교회 내 역할(임원)로 인한 친구 전도의 문제를 극복할 수 있다.
◎ 제시된 문제: "중등부 회장인 현정이를 도와주세요."

현정이는 이번 전도행사 때 친구인 주아를 데리고 교회를 왔습니다. 다행이 주아는 현정이의 교회를 나오기로 다짐했고, 다음주부터 본격적으로 출석을 하기로 하였습니다. 그런데 현정이는 중등부 임원으로서 찬양대와 프로그램 준비로 매주일이 바쁜 가운데 있습니다. 주아의 교회 적응과 정착을 위해서 친구인 현정이가 세심하게 신경을 써 주어야 하는데 그것이 힘들 것 같아 현정이는 걱정입니다. 그리고 자신이 세심하게 챙겨주지 못하는 상황으로 인해 주아가 교회에 대한 부정적인 생각도 가지게 되지는 않을까 걱정을 하고 있습니다. 현정이를 도와주세요.

○ 예시 3

◎ 대주제: 성경
◎ 학습목표: 꾸준하게 성경을 읽을 수 있도록 한다.
◎ 제시된 문제: "성경책 읽기가 너무 귀찮고, 피곤한 주연이를 도와주세요"

주연이는 모태신앙으로 공부도 잘하고, 운동도 잘하는 중학교 3학년 학생이다. 부모님들도 열심히 교회를 섬기시고 봉사하셔서 존경을 받으신다. 부모님들의 신앙생활을 보면서 주연이도 본을 받고 열심히 신앙생활을 하고자 하는데 문제는 성경읽기가 너무 귀찮고, 피곤하다는 것이다. 매일 한 장이라도 꾸준하게 읽고자 몇 번이나 스스로와 약속을 하였는지 모른다. 다른 책들은 읽으면 너무 재미있고 시간 가는줄 모르겠는데 유독 성경책만

> 읽으면 무슨 말인지도 이해가 안가고, 지루하게 느낀다. 그러다보니 목사님께서 설교하시는 내용도 잘 모르겠고, 다윗이 구약의 인물인지 신약의 인물인지도 헷갈린다. 성경에 대해 많이 알고는 싶은데 성경을 읽기 싫은 주연이를 어떻게 도와줄까요?

교회교육 내 문제기반학습의 가능성과 가치

　문제기반학습은 신앙생활 속에서 직면하게 되는 실제적인 딜레마와 고민들을 성경적인 가르침 속에서 자기주도적 그리고 협농적으로 신앙의 문제를 해결할 수 있는 역량을 길러준다는 점에서 교회교육의 수업 전략으로서 가치가 있다. 특히 교회교육의 실천적 적용과 활용 부재에 대한 교회현장의 비판이 강한 상황 가운데 문제기반학습의 접근은 우리가 고백하고 있는 신앙 본질에 기반하여 구체적인 신앙적 딜레마에 대한 해결과 논의의 측면을 표출할 수 있어 의미가 있다.

　요즘 기존의 교회교육과 관련된 수업 교재와 성경공부 교재가 적용성과 현실성이 매우 낮다는 비판이 커지고 있는 상황 속에 있다. 이러한 상황 속에서 삶의 실제적인 문제와 학생들의 신앙적 갈등과 관련된 구체적인 문제중심의 교회교육의 시도는 학생들과 그것을 가르치는 교회학교 교사들에게도 흥미로운 것이며, 신앙과 삶이 분리되지 않았다는 사실을 확인할 수 있는 새로운 장이 될 것이다.

플립러닝(Flipped Learning) 전략

플립러닝의 의미

우리의 교육환경도 최첨단의 디지털 기술을 바탕으로 역동적인 수업환경을 구축할 수 있게 되었다. 이제 교사와 학생들은 언제 어디서나 활발한 학습 경험들을 쌍방향적으로 소통할 수 있다. 이는 인터넷 환경의 보편적인 구축을 통해 더욱 가속화되었다. 이러한 교육환경의 변화는 창의적인 학습 방법의 고안뿐 아니라, 기존의 전통적인 교수-학습 과정의 상식적인 틀도 변화시키고 있다.

플립러닝은 자기주도적 학습을 바탕으로 전통적인 강의식 수업 과정의 순서를 거꾸로 뒤집어서 진행하는 학습방법이다. 즉, 플립러닝은 학생들이 교사가 제공하는 학습내용을 수업시간에 공부하는 것이 아니라, 수업 전에 교사가 제공하는 동영상 강의와 학습자료를 바탕으로 선행학습을 수행한다. 그리고 이를 바탕으로 실제 교실 수업에서는 학생들이 능동적으로 토론하며 주된 학습내용을 익히는 수업 방식이다.

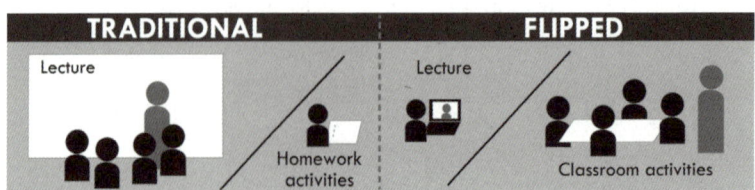

〔전통적 수업 환경과 플립러닝 환경〕

*자료출처: University of Washington, CTL(Center for Teaching and Learning)
http://www.washington.edu/teaching/teaching-resources/
engaging-students-in-learning/flipping-the-classroom/

이와 관련하여 Bergmann & Sams(2012)는 "플립러닝을 전달식 강의를 가정의 개별 공간으로 이동시키고, 교실에서는 좀 더 역동적으로 동료들끼리 학습이 이루어 질 수 있도록 구성하는 교육적 실천이다."라고 정의한다. Bergmann & Sams에 있어 강조점은 학생들의 교실 밖 학습활동과 교실 안 학습활동을 단순히 혼합하는 것이 아니라 특징지어 구분하고, 그 특징적인 구분 속에서 자연스러운 학습의 연계를 시도하는 것이다. 즉, 교실 공간 밖에서는 학습 주제와 관련된 사전 자료들을 온라인을 통해서 학습을 하고, 교실 공간 안에서는 사전 학습된 내용을 중심으로 활발한 토론과 협력적인 활동을 통해서 학습에 대한 학습자들의 몰입도를 극대화시키는 것이다.

이러한 플립러닝은 기본적으로 온라인 시설과 지원 환경이 정연하게 구축된 고등교육 기관에서 활발하게 적용되고 있다. 대표적으로 미국의 텍사스 대학교는 학교 차원의 수준있는 지원 체계를 구축하고 있다. 이러한 추세 속에서 한국의 많은 대학교도 이를 시도하고 있다. 또한 한국의 발달된 인터넷 및 온라인 환경 체제는 개인 교수자와 학습자들에게 플립러닝의 성공적인 정착을 이끄는 유리한 환경을 제공해 주고 있다. 한국의 발전된 인터넷 문화는 개인 영상 업로드 및 시청의 수준을 한층 더 높게 이끌고 있으며, 학습자들은 시공간을 초월하여 휴대폰을 통해 손쉽게 교수자가 업로드하는 영상과 학습 자료들을 확인할 수 있는 환경 속에서 생활하고 있다.

플립러닝의 과정

플립러닝과 관련하여 최근에 수행된 연구들을 정리하여 보면 공통적으로 수업 전 활동, 수업 중 활동, 수업 후 활동으로 구분하고 있으며, 이와 관련된 논의는 지금도 계속하여 발전하고 있다.

○ 수업 전 활동: 학습을 위한 선험적인 과정으로서 교사가 제시한 다양한 수업 자료를 미리 학습
○ 수업 중 활동: 수업 전 활동을 바탕으로 질문, 토론, 협동 활동을 수행하여 심화를 추구
○ 수업 후 활동: 의견 수렴 및 종합 정리, 성찰과정 수행

해당 내용을 통해서 플립러닝은 학습을 위한 선험적인 과정은 수업 전에 완료하고, 그것을 바탕으로 수업 중 질문/토론/협동활동을 수행하며, 수업 후 의견 수렴 및 종합 정리를 통한 학습을 수행하고 성찰과정으로 발전시켜나가는 것을 확인 할 수 있다.

[플립러닝 수업 절차에 대한 연구자들의 일반적 구분]

구분	수업 전	수업 중	수업 후
Univ. of Texas at Austin Learning Science (2015)	· 수업 전 - 제공된 모듈 학습 - 질문 기록 / 준비	· 수업 도입 - 교수자 질문 · 수업 중 - 피드백/핵심강의 제공 - 실습	· 수업 후 - 지식, 기술 활용 - 추가 설명, 학습자료 제공

김남익·전보애 최정임 (2014)	· 수업 전 - 강의동영상 시청 - 질의 내용 준비	· 도입 - 퀴즈, 질의응답 · 전개 - 문제해결 및 토론 · 마무리 - 발표, 피드백	· 수업 후 - 수업 내용 정리 및 의견 수렴
방진하·이지현 (2014)	· 교실 밖 수업 - 내용요소 제공	· 교실 안 활동 - 학생 활동 중심 - 응용·심화학습 - 개별화된 학습	· 교실 밖 수업 - 내용요소 제공
최정빈·김은경 (2015)	· 사전학습 - 사전자료 제공 - 사전학습 확인	· 강의실 수업 - 협력학습 / 요약 - 평가	· 사후학습 - 사후활동 - 성찰활동
한형종·임철일 한송이·박진우 (2015)	· 온라인 학습 - 온·오프라인 연계하는 강의계획서 제공	· 오프라인 활동 - 온라인 콘텐츠 기반 오프라인 수업 연계 (사례활용, 질문 반영, 퀴즈 등)	· 온라인 학습 - 오프라인 수업 기반 온라인 콘텐츠 연계 (보충/심화자료 안내)

*자료출처: 박진우·임철일(2016). p.775 재구성

플립러닝의 교회교육 적용: 창원 D 교회 사례 소개[1]

창원 D교회에 플립러닝을 적용한 문경구 목사는 2008년 12월부터 현재(2017년 4월까지) 창원 D교회 청소년부 목사로 9년간 청소년들에게 효과적 설교 전달을 위해 다양한 방법들을 시도하였다. 2016년 1월부터 창원 D교회 청소년부에서 3개월간 교사교육

---

1 해당 사항은 문경구(2017)의 플립러닝 적용 사례를 소개한 것이며, 이는 그의 연구 일부를 수정 및 정리한 것임을 밝혀둔다. 문경구(2017). 플립러닝을 활용한 청소년 설교 적용 사례: D 교회를 중심으로. 제2회 코람데오 대학원생 연합논문발표회 자료집. 부산: 고신대학교.

과정을 거쳐 2016년 4월부터 플립러닝을 활용한 청소년설교를 시작하였다.

창원 D교회는 1948년 진해 경화교회 성도들이 거리상의 이유로 분립하여 세운 대한예수교장로회 고신총회 산하 교회이며, 현재 장년 출석교인 수는 650명이며 청소년부 출석 수는 110명이다.

청소년부 예배 장소는 본당으로 전형적인 교회 장의자에 앉아 예배를 드리고 있다. 창원 D 교회에서 2016년 4월부터 2017년 4월 현재까지 1년 넘게 플립러닝을 기반한 청소년 설교를 진행하였다. 1년간 D교회 청소년부에 플립러닝을 적용한 설교수업의 과정과 절차는 다음과 같다.

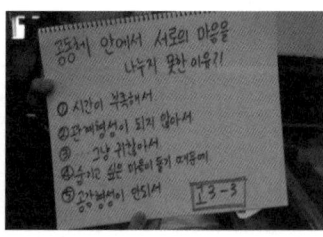

〔그림〕 플립러닝을 활용한 청소년 사역 활동 : 창원 D교회 사례
*자료출처: 문경구(2017). p.23과 p.27

○ 1단계: 설교자는 성경 본문으로 설교문을 작성하였다. 이후 설교자는 설교문에 따른 토의 내용을 선정한 후 설교문 중심으로 선행학습 동영상(3분미만) 제작을 위해 설교요약문을 작성하였다.

○ 2단계: 설교자는 전술한 단계를 바탕으로 선행학습 동영상을 제작하고 선행학습 동영상을 교사밴드, 교사단체 카톡, 페이스북

등의 SNS에 업로드하였다.

○ 3단계: 설교자로부터 온라인으로 동영상을 받은 교사는 자신의 반 학생들에게 선행학습 동영상을 업로드하고 청소년들은 동영상으로 선행학습을 하였다.

○ 4단계: 주중에 이 모든 선행학습을 마무리하고 주일에는 아래의 활동을 수행하였다.
  1) 학습자는 선행학습 동영상을 주일 청소년부 예배 때 한 번 더 시청하였다.
  2) 학습자는 선행학습 동영상 시청 후 반별 토의수업과 반별 발표를 하였다.

○ 5단계: 주일에는 4단계와 더불어 설교자의 심화된 학습(설교)이 이어졌고, 학습자는 개인의 결단을 D교회 중고등부 페이스북 페이지에 기록하였다.

교회교육 내 플립러닝의 가능성과 가치

일반적 혹은 전통적인 수업의 방식은 학생들이 교실 내 수업 시간에 교사의 수업과 강의를 수동적으로 듣는 것을 통해 관련

지식을 습득하고, 교사의 수업과 강의가 끝난 후 수업 관련된 과제를 수행함으로서 복습과 지식의 심화를 추구하였다.

하지만 플립러닝 체제 속에서는 교사의 수업 전에 먼저 학생은 교사가 제공한 학습 관련 자료들을 온라인 혹은 그에 준하는 환경에 맞추어 구성된 학습자료를 통해서 능동적으로 지식을 습득하고, 그것을 바탕으로 수업시간에는 동료들과의 토론 및 프로젝트 수업을 통하여 학습을 심화해 간다.

이러한 플립러닝의 수업 방식은 자기주도성을 바탕으로 학생들로 하여금 문제해결능력을 키워 실천적인 신앙인으로 삶을 영위할 수 있도록 장을 열어주는 장점이 있다. 이는 현재의 교회교육의 수업과 학습의 방식이 전통적인 수업 방식의 틀에서 크게 벗어나지 않고, 오히려 그것을 고수하고 있는 상황 속에서 학생들의 교육적 활동에 새로운 돌파구가 될 수 있을 것으로 판단된다. 이를 위해서 교사들은 플립러닝에 대한 개념 이해와 구체적인 영상 구축을 위한 역량들이 함양되어야 할 것이나 이는 현재 교회학교가 활용하고 있는 제반 환경과 SNS 활용 수준을 고려할 때 쉽게 적용되어질 수 있다. 다만 수업 콘텐츠의 개발과 구성을 위한 아이디어와 방향을 교회학교에서 내실있게 지도해 주어야 할 과제가 남아있다. 그러나 이것 또한 교사들의 적극적인 참여와 토론을 통해서 충분히 해결 가능한 사항이다.

토론식 학습(Discussional Learning) 전략

토론식 학습의 의미

많은 교회학교 교사들의 고민은 '어떻게 하면 학생들이 흥미를 가지고, 신앙교육에 참여할 수 있도록 하는가?'이다. 이 과정에서 주요하게 활용할 수 있는 수업 전략이 바로 토론식 수업이다. 일반적으로 토론식 수업은 교사와 학생이 서로 간의 상호작용을 통해서 특정한 정보와 자신들의 의견을 역동적으로 교환하는 것이며, 이 역동적인 과정을 통해서 토론한 주제에 대한 일정한 결론에 이르는 학습방법이다.

이 과정에서 교사와 학생 간의 상호작용 뿐만 아니라 학생과 학생 간의 상호작용도 당연히 포함된다. 이를 통해 학생들 간 협동학습의 장도 펼쳐져 학생들의 학습 참여를 더욱 원활히 이끌 수 있다.

토론식 학습의 과정

토론식 수업은 다음과 같은 단계로 학습의 과정을 이룬다. 토론주제 부여 단계, 주제관련 학습 단계, 실제 토론 단계, 토론 종합 단계이다. 먼저 1단계 토론주제 부여 단계에서는 교회학교 교사의 학습목표 설명, 교회학교 교사의 토론주제의 배경과 의미 설명, 토론주제를 부여한다. 2단계 주제 관련 학습에서는 제시된 토론 주제 관련 학생들의 학습과 다양한 방법과 방식을 통한 개별 학습이 진행된다. 3단계는 실제 토론 단계로서 토론주제와 관련된 교사와 학생 간 상호작용, 토론주제와 관련된 학생과 학생 간 상호작용, 토론

주제에 대한 다양한 아이디어를 적극 수용하는 과정을 수행한다. 마지막으로 4단계는 종합 단계로서 토론 주제에 대한 의견 정리와 종합 그리고 토론 주제에 대한 해결방안 도출을 통해 마무리하는 과정을 수행한다.

[토론식 수업을 위한 기본 단계]

단계	토론식 수업을 위한 활동
[1단계] 토론주제 부여	- 교회학교 교사의 학습목표 설명 - 교회학교 교사의 토론주제의 배경과 의미 설명 - 토론주제 부여
[2단계] 주제관련 학습	- 제시된 토론주제 관련 학생들의 학습 - 다양한 방법과 방식을 통한 개별 학습
[3단계] 실제 토론	- 토론주제와 관련된 교사와 학생 간 상호작용 - 토론주제와 관련된 학생과 학생 간 상호작용 - 토론주제에 대한 다양한 아이디어 적극 수용
[4단계] 토론 종합	- 토론주제에 대한 의견 정리 및 종합 - 토론주제에 대한 해결방안 도출 - 토론 과정 전체 대한 평가

전술한 토론식 수업의 구성 요소를 가지고 교사가 실제 수업을 준비한다면 다음과 같은 형태로 재구성할 수 있다. 이는 Welty(1989)가 제시한 교사입장에서의 토론식 수업의 설계 과정을 소개한 것이다(박진우·임철일, 2016 재인용).

[교사를 위한 토론식 수업 설계]

단계		내용
수업 전 준비	부여된 학습자료 사전학습	· 교수자는 토의에서 다룰 학습 자료에 대해 숙지하고, 늘 새로운 의미를 발견해야 한다.
	학습내용의 개념 및 개요 선정	· 토의에서 다룰 중요한 개념에 대해 결정하라.
	질문 준비	· 학습내용의 주요 개념과 연계된 질문을 준비하라.
	칠판 준비	· 토의내용을 정리하며 토의 진행에 활용할 수 있는 칠판 등 준비하라.
	학습자 분석	· 학습자들의 강약점, 선수지식 등 특성을 분석하라.
	토의에 적합한 교실환경 준비	· U자형 좌석배치, 세미나실 등 활용하라.
수업 중	도입	· 긴장감을 줄이기 위해 비공식적인 질문으로 시작하라. · 참여를 이끌기 위해 예상치 못하게 질문하라. · 자발적으로 참여하는 분위기를 조성하라
	질문, 경청, 반응	· 학습자의 말을 경청하라. · 적시에 적절하게 질문하고 토의과정을 요약하라.
	칠판 활용	· 칠판을 활용하여 토의에 집중하도록 하고, 참여자들의 의미 있는 기여를 보상하며, 토의결과를 종합, 요약하라.
	시간 통제	· 토의 수업에도 도입-전개-종결의 단계가 있으므로, 적절히 시간을 통제하라.
	소단위 그룹활동	· 토의 활동을 지원할 수 있는 소그룹 활동을 지원하라.
	수업정리	· 토의 내용을 요약, 정리하며 수업을 마무리 하라.
수업 후	토의 수업 정리	· 토의수업에 대한 성찰 활동을 하라. · 학습자 참여 점수 부여 기준에 대해 고민하라.

*자료출처: 박진우·임철일(2016). p.777.

성공적인 토론식 학습을 위한 팁: 규정 만들기 토론식 수업과 학습에서는 학생들의 참여를 확보하고, 학생들로 하여금 토론과 발표에 대한 두려움을 잊게하는 것이 중요한 항목이다. 이를 위해서 학생들로 하여금 함께 공유하고 정할 수 있는 수업규정을 구성하는 것은 효과적인 전략이 될 수 있다. 이와 관련하여 박삼열(2012)은 실제적인 내용들을 제시해주고 있어 흥미롭다. 다음은 박삼열이 제시하는 출석, 수업태도, 수업참여도에 관한 규정이다.

> 1. 출석 : 1회 결석 시 -5점 감 점
> 2. 지각 : 10분 간격으로 -1점 감점(예를 들어 9시 수업인 경우, 9시 21분에 수업에 들어오면 -3점 감점됨)
> 3. 수업태도 : 핸드폰, 화장실, 잠, 잡담, 외출, 다른 공부, 다른 생각, 다른 행동, 대리출석, 대리제출, 발표 소홀, 껌씹는 행위, 음식물 섭취 (음료수 제외), 가방 챙기는 행위, 예의에 벗어나는 행위 등에 대해서는 정도에 따라 1회에 -1점에서 -5점 감점한다. 총 감점 점수는 하한선이 없다.
> 4. 출석, 수업태도 보너스 점수 :
>   1) 출석, 지각의 감점이 전혀 없는 경우는 +5점의 가산점이 있다.
>   2) 10분 이내의 지각이 한 번만 있는 경우는 +3점의 가산점이 있다.
>   3) 10분 이내의 지각이 두 번 있거나, 20분 이내의 지각이 한 번만 있는 경우는 +2점의 가산점이 있다.
>   4) 수업태도의 감점이 전혀 없는 경우는 +5점의 가산점이 있다.
> 5. 수업 참여도 점수 : 수업에 적극적으로 참여한 수업 기여도이다.
>   (상한선은 +10점이다)

또한 발표자들의 규정도 명확하게 구성하여 활발한 발표와 토론을 이끄는 주요한 원리로 삼는다. 다음은 발표와 관련된 규정이다.

> 1. 발표 조는 수업을 듣는 학생 전원을 대상으로 설문 조사를 한다. 설문 조사 결과는 PPT로 알려 준다. 설문지는 실명으로 조사한다. (5조는 설문조사를 하지않아도 된다.)
> 2. 발표 조는 '발표일지'와 '발표후기'를 작성하도록 한다. '발표일지'는 조장이 작성하고, '발표후기'는 조원들 각자가 하나씩 작성한다. '발표일지'와 '발표후기'의 양식과 분량은 자유이다. '발표후기'는 조장이 모아서 하나의 파일로 합친다.
> 3. 발표 조의 조장은 '발표일지'와 '발표후기'를 발표 후 3일 이내에 교수에게 E-메일로 보낸다. 발표일지, 발표후기를 보내는 기한을 지키지 않았을 경우, 하루 당 -1점을 감점한다.
> 4. 발표 조의 조장은 -3점에서 +3점의 보너스 점수가 있다.
> 5. 조 발표 시 노트북 컴퓨터는 조만식 기념관 4층 419호〈기자재실〉에서 발표 조가 직접 대여해 온다. 발표를 위한 프로젝트 설치도 발표 조가 사용설명서를 보고 직접 설치한다. (설치가 잘 안 될 경우 파워포인트 도우미의 도움을 받는다.)

박삼열이 제시하는 예는 대학생들에 관한 사항이며, 학생들에게 '학점'이라는 매우 중요한 요소가 있기에 해당 규정들의 의미가 살아난다. 즉, 대학생들은 해당 규정을 충분히 인정하고 존중할 수 있는 자세를 갖추고 있으며, 교수는 학점이라는 직접적인 통제 수단을 가지고 있다. 이에 반하여 교회교육의 상황은 다양한 연령들이 존재하며, 학점과 같은 강제적인 통제 수단의 존재 자체가 없다는 것이다. 여기에 교회교육의 답답함이 있다.

그러나 박삼열이 강조하고 있는 것은 구체적인 항목들로서도 의미가 있지만 더욱 중요한 것은 토론 과정과 관련하여 구성원들에게 명확한 규정들을 공유하고 이를 인지시키는 것에 있다고 볼 수 있다. 이러한 측면은 모든 교육 장면과 상황 속에서도 적용이 될 수 있는 부분이다. 교수자와 학습자간 그리고 학습자와 학습자간의 신뢰에 기반하여 그 공동체만의 특정한 약속을 다양한 교육 장면과 상황 속에서 수행할 수 있는 적절한 규정과 내용들로 구성한다면 기능적인 측면에서 적용이 가능할 수 있다.

교회교육 내 토론식 학습의 가능성과 가치

교사의 일방적인 수업진행과 지식전달 위주의 학습과정은 학생들의 학습 몰입도와 학습에 대한 흥미를 떨어뜨리는 주요한 요소다. 이는 변화하고 있는 교육환경과 학생들의 특징들을 고려할 때 변경하거나 혹은 수정·보완해야 할 주요한 영역이다. 물론 교사가 주체적으로 학습과정을 구성하면서 특정한 주제와 내용에 있어서 전달할 명료한 개념과 지식들의 경우 기존의 학습방식으로 수행해야 할 필요도 있을 것이다. 하지만 좀 더 학습자들의 맥락을 고려하여 그들이 참여하고, 즐겁게 학습할 수 있는 장들 역시 열어주어야 할 필요가 있다. 특히 학생들이 정확무오한 하나님의 말씀에 기초하여 자신들의 삶을 안정감있게 구성해 나아가기 위해서는 철저한 신앙교육이 전제가 되어야 한다. 이를 위해서는 학생들이 몰입감있게 학습에 참여할 수 있어야 하며, 그 과정 속에서 자신들의 신앙 성숙을 위한 활동들을 경험할 수 있어야 한다. 이러한 맥락에서 볼 때, 신앙교육에 있어 토론식 수업은 전술한 학생들의 상황을 고려하면서 교사의 지도를 통해 실제적인 신앙 문제에 대한 고민과 말씀 중심의 해결 방안을 도출하는 데 유익한 수업 전략으로 활용될 수 있을 것이다. 물론 이 모든 것이 전적인 하나님의 은혜와 섭리 안에서 진행되고 이루어져야 함은 분명한 전제요소이다.

게임기반학습(Game Based Learning) 전략

게임기반학습의 의미

학습 장면 속에서 놀이는 학생들의 학습에 대한 몰입도와 동료들과의 상호작용을 극대화할 수 있다. 실제로 Vygotsky(1976)는 아동에 있어서 놀이는 성장과 발달에 있어 매우 중요한 활동이며, 그 활동을 통해서 사회성, 신체, 언어, 정서적인 발달을 촉진시킬 수 있음을 제시하였다. 즉, 놀이라는 자연스러운 환경 속에서 학생들은 다양한 경험을 누리며 학습을 효과적으로 수행할 수 있음을 의미하는 것이다.

이러한 측면은 교회학교 수업의 범위와 가능성을 확장시켜준다. 우리가 수행하는 교회학교 수업의 내용에서는 게임화할 수 있는 요소들이 많고, 실제로 다양한 교회학교의 교육과정 속에서 게임을 활용한 수업 수행을 해왔기 때문이다.

예를 들어 교회학교의 수업 방법과 교육적 활동으로 AWANA(Approved Workmen Are Not Ashamed) 프로그램을 살펴볼 수 있다. 한국 AWANA는 복음중심(Gospel-centered), 성경암송(Bible Verses), 재미있고, 흥미진진(Fun & Exciting), 예수 그리스도를 섬기도록 훈련(Training to Serve Jesus Christ Steadily), 견고한 리더십 개발(Strong

Leadership Development)과 같은 5가지 사역 원리를 중심으로 활발하게 활동하고 있다(Awana, 2017).

〔그림〕 AWANA 올림픽

*자료출처: 한국 AWANA 홈페이지 http://www.awanakorea.net/index.php

특별히 Awana 사역의 세 번째 원리인 '재미있고, 흥미진진(Fun & Exciting)'은 게임을 통하여 참여하는 학생들이 성경을 암송하며, 신앙생활을 위한 원리들을 학습하고 있다. 한국Awana는 전국적인 Awana Olympics도 개최하고 있는데 Awana의 40여 가지의 게임 중 10가지 종목을 선정하여 교회의 대표선수가 되어 전국에 있는 또래 클럽원들과 경기를 수행하는 것이다(Awana, 2017).

위의 사항은 하나의 예시지만 잘 정돈된 게임기반에 의한 신앙교육의 방법이 구체적으로 어떻게 구현될 수 있는가에 대한 시사점을 주고 있다. 만약 단위 교회에서 자신들만의 게임을 구축하여 학습한다면 게임기반학습의 의미를 반영하여 수업이 수행되는 것으로 볼 수 있다.

게임기반 학습의 설계

교회학교 수업의 장면은 수많은 게임과 풍성한 놀이들로 가득하다. 그동안 우리가 수행하여 왔던 수많은 수련회 속의 프로그램들을 생각해 보라. 그것 모두가 게임기반학습의 전형적인 모습이다. 그러나 이를 좀 더 교육적이며 체계적으로 구성할 필요가 있는데, 아래의 사항들을 중심으로 게임기반학습의 과정으로 정리하고자 한다.

• 게임자체가 학습의 목표를 달성할 수 있는 설계

게임기반학습에 있어 가장 중요한 것은 학습 효과를 극대화함에 있다. 이 과정에서 학생들은 흥미를 유지하면서 학습에 참여한다. 그러므로 게임자체가 교회학교 교사가 설정하고 있는 교육의 목표를 온전히 달성할 수 있도록 구성되어야 한다. 즉, 게임을 수행하고나면 특정한 교육목표를 달성하였는지를 확인할 수 있도록 구체적인 과정으로 설계해야 한다.

• 게임을 진행하는 동안 학습자 전원이 참여할 수 있는 설계

게임을 통해서 학습을 수행함으로 그 과정 자체가 학습의 장이 된다. 이는 주어진 학습의 시간이 학생들에게는 중요한 시간으로 특정한 교육목표가 녹아져 있는 학습의 과정이 된다. 그러므로 학생들은 해당 시간을 소홀히 하지 않는 것이 중요하며, 학습자 전원이 어느 정도의 긴장을 가지고 수업에 임하게 하는 설계가 필요하다. 이를 위해서 게임을 시작하고 끝내는 시점을 명확하게 하거

나, 게임의 규칙을 정확하게 설정하여 학생들 전원이 참여할 수 있는 수업 환경을 구축하도록 설계해야 한다.

• 학습자들이 게임에 열중할 수 있는 상황으로 설계

학생들이 게임에 열중할 수 있는 수업 환경을 구축하는 것은 게임기반학습의 가장 중요한 요소이다. 이를 위해 학생들 간의 경쟁적인 요소들을 적절히 활용하는 것이 중요하다. 게임기반학습은 기본적으로 다른 사람과의 의사소통과 협동을 통하여 과제가 수행됨으로 이는 팀별 미션 수행을 통한 각 팀별 간의 경쟁적인 구도로 구성하는 것이 효과적이다. 특별히 게임자체가 가지고 있는 경쟁적인 요소를 이용한다면 학습내용을 습득함에 있어 집중하여 참여할 수 있는 요소가 될 것이다.

• 다양한 게임형태에 기반하여 구성하는 설계

최근에는 학생들의 신체적인 게임기반학습 이외에도 컴퓨터 기반의 게임학습도 다양하게 시도되고 있는데 이는 특정한 교육내용과 컴퓨터 게임의 연결이라고 볼 수 있다. 이는 학생들로 하여금 컴퓨터 혹은 비디오게임에 참여하면서 자연스럽게 주요한 학습 내용을 습득하게 함으로써 학습의 효과를 극대화하는 것이다. 이러한 접근을 매주 교회학교 수업에 적용하기에 콘텐츠 구성과 개발에 있어 한계가 있지만 그동안 수행된 학습내용에 대한 요약 및 정리를 위한 간단한 게임들은 고차원적인 컴퓨터게임이 아니더라도 간단히 구성하여 교회교육 현장에서 활용할 수 있을 것이다.

교회교육 내 게임기반학습의 가능성과 가치

한국교회에서는 일반적으로 게임기반학습의 적용과 의존도가 매우 높았다고 할 수 있다. 이에 대한 학문적이고, 이론적인 담론이 심도 있게 논의되지 못하였기에 다소 소홀하게 다루어진 경향이 있으나 현상적으로 게임기반의 학습 과정은 교회교육의 중요한 축으로 작용하고 있다. 특별히 연령이 낮은 학습자들을 대상으로 할 때 그들의 학습과정은 상당 부분 게임기반에 의해서 이루어진다고 볼 수 있다. 이러한 맥락은 교회교육 내 게임기반학습의 가능성과 가치를 보여주는 상황으로 이해되며, 이와 관련하여 좀 더 체계적이고 심층적인 논의와 구성을 강력하게 요청하는 대목이기도 하다. 이를테면 무분별한 세속적 게임과 가치들이 반영된 사항들이 교회교육으로 침투하는 것을 비판적으로 성찰할 수도 있고, 성경적이며, 기독교세계관에 기반한 건강하고 기능적인 게임들의 개발을 촉진할 수도 있다.

시뮬레이션(Simulation) 전략

시뮬레이션의 의미

시뮬레이션 학습은 일상생활 가운데 경험할 수 있는 다양한 현상을 모의적으로 실험하여 그 반응을 보며 학습을 수행해 나가는 것이다. 만약에 학생이 실제 문제적인 상황에 직면하였을 때 당황하지 않고 가상적인 상황 속에서 안정감 있게 관련 문제들을 대처

할 수 있는 능력을 키워나가는 전략이다.

박건호(1997)는 시뮬레이션학습과 관련하여 3가지의 측면으로 이를 구분하고 있는데 1)물리적 시뮬레이션 2)절차 시뮬레이션 3)상황 시뮬레이션으로 제시하고 있다.

○ 물리적 시뮬레이션(physical simulation): 비행기와 같이 기계의 작동법이나 과학실험기구의 사용법을 학습자가 학습할 수 있도록 제시하는 시뮬레이션 체제

○ 절차 시뮬레이션(procedural simulation): 작업 공정과 같이 일정한 절차에 의해 이루어지는 과정을 모의 상황으로 제공하여 수행하는 시뮬레이션 체제

○ 상황 시뮬레이션(situation simulation): 학생들에게 어떤 상황을 제공하고, 그 상황에 따라 취할 수 있는 문제해결 방법을 습득하도록 하는 시뮬레이션 체제

교회학교 수업 속에서는 학생들의 실천적인 학습활동을 위하여 자신들이 사변적이고 추상적으로 인식하고 있는 사항들에 대하여 구체적으로 실천하여 보고, 그 맥락 속에서 문제해결 방법을 경험하도록 하는 것을 학습을 진행하는 접근법으로 볼 수 있다. 교회학교에서 지향하는 다양한 신앙적인 덕목과 가치의 구체적인 구현을 위하여 효과적인 수업 전략이 될 수 있다.

시뮬레이션의 과정

시뮬레이션 학습의 과정은 창의적이고 다양하게 설계할 수 있으나 계획된 절차와 내용에 따라 학생 및 참가자들이 적극적으로 임하는 것이 중요하다. 또한 시뮬레이션의 교육적 효과를 극대화하기 위하여 사전 계획 및 준비단계 역시 실제 상황과 유사한 맥락에서 진행될 수 있도록 신경을 쓰는 것이 중요하다. 다음은 허옥순(2004)이 제시하는 시뮬레이션 수업의 6단계의 과정이며, 이를 통해서 실제적인 시뮬레이션 수업의 구조화를 위한 핵심 사항들을 살펴볼 수 있다.

[시뮬레이션 수업의 과정]
○ 1단계: 사전 단계
사전 시뮬레이션 단계로서 교육목적, 주제, 계획 등을 구성하는 단계이다.
○ 2단계: 훈련 단계
학습/참가자 훈련 단계로서 규칙과 과정, 시뮬레이션 환경특성, 역할 소개 등을 구성하는 단계이다.
○ 3단계: 사전 연습 단계
시뮬레이션에 적응하고 실제 운영상에 있어서 문제 현상을 최소화하기 위해 실제 운용과는 독립적으로 연습하는 단계이다.
○ 4단계: 실제 운영 단계
시뮬레이션과 관련하여 참가자들이 직접 운영해보는 단계로서 계획과 목적에 따라 운영한다.

○ 5단계: 보고 단계

참가자들이 실제 운영 단계를 수행한 뒤 자신이 생각한 문제와 호기심에 대하여 논의하면서 분석/비판/평가하는 단계이다.

○ 6단계: 사후 단계

학습과제와 관련된 문제를 제시하고 정리 및 연습하는 단계로서 다음 시뮬레이션 운영을 위한 절차상의 오류를 확인하고 반성하는 단계이다.

교회교육 내 시뮬레이션학습의 가능성과 가치

시뮬레이션을 통한 학습 상황은 학생들이 직접 특정한 신앙 문제와 관련된 모의 상황을 경험하게 함으로서 학생들의 실천적인 역량을 키워줄 수 있는데 유익한 전략이 될 것이다. 이 과정에서 학생들은 자신들이 실제적으로 행동을 하고, 그 행동을 위한 결정을 내리며, 주어진 상황 속에서 다른 학생들과 논의 또한 설득하면서 신앙적인 문제나 복합적인 상황을 이해해 나아갈 수 있는 것이다. 또한 그러한 경험들 속에서 단순히 지식적인 내용들만 파악하는 것이 아니라 자신의 태도와 신앙적인 가치관들을 성찰하게 함으로써 교육목표로 설정한 특정한 목표를 달성하는 것 이외에도 다양한 유의미한 성과들을 기대할 수 있을 것이다. 하지만 교회학교 교사의 철저한 상황 준비와 내용이 뒷받침되지 않는다면 현실과 상황을 왜곡할 수 있어 주의가 요청된다.

액션러닝(Action Learning) 전략

액션러닝의 의미

　액션러닝은 교육현장에서 보다 비즈니스 영역인 기업 문제해결이라는 측면에서 기원하고 있다. 비즈니스 이슈와 관련된 실제적인 기업의 문제를 내부 구성원들에 의해서 해결하고, 성찰하는 과정들을 교육적 상황들로 구성하여 의미 있게 발전한 것이다. 최근 액션러닝을 교육 현장에서 활용하면서 효과적인 교수 및 수업 전략으로 주목받고 있는데 그 이유는 학생들의 협력, 문제해결, 자기주도적 학습능력을 향상시킬 수 있음이 보고되고 있기 때문이다.

　일반적으로 액션러닝은 학생들을 소그룹 형태의 집단으로 구성하여 상호간의 협력을 바탕으로 집단이 직면하고 있는 문제를 특정한 시점까지 해결하는 데 목적이 있다. 이 과정에서 개인 혹은 소그룹이 성찰의 과정을 거치도록 설계하는 것이다.

　액션러닝의 특성을 구체적으로 살펴보면 다음과 같다(부성숙, 2014).

　　첫째, 학습자들은 가상의 상황을 설정하여 모의수업을 하는 것이 아니라 실제 현장에서 과제를 수행하는 것이다.
　　둘째, 학습자들은 과제해결과 동시에 학습이 이루어질 수 있다.
　　셋째, 학습자의 자발적이고 주도적인 형태로 수업이 이루어진다.

넷째, 팀 활동을 통해 과제를 해결한다. 이는 현장성과 실제 문제해결을 중시하는 특징을 가지면서 과제의 내용과 과제해결 과정을 동시에 학습할 수 있고 학습자가 적극 참여하는 학습자 중심 학습이라는 중요한 특성을 갖는다.

이러한 액션러닝은 전통적인 수업 전략과 큰 차이를 보이고 있는데 기본적으로 교사와 학생간의 위치와 관계에서부터 교육을 통한 적용 사항에 이르기까지 다양한 영역과의 비교 속에서 확인할 수 있으며, 이는 액션러닝의 성격을 규명해주는 사항이기도 하다.

[전통적 교육과 액션러닝 비교]

구분	전통적 교육	액션러닝
패러다임	공급자중심의 교수 (교사의 상대적 우월성)	수요자중심의 학습 (학습활동의 중요성)
철학	문제상황에 대한 전문적 지식을 가지고 있는 소수의 외부전문가	문제상황에 직면하고 있는 내부 구성원 모두가 전문가
이론과 실천의 관계	이론과 실천의 분리	이론과 실천의 통합
교수-학습 전략	주입식	참여식
학생의 역할	수동적 지식의 흡수자	적극적 참여자
강조점	현장과 관련성이 적은 전통적인 교육 내용 중시	현장중시의 비구조적 문제 또는 기회의 해결 및 발견

*자료출처: 한국액션러닝협회, http://www.kala.or.kr/ 재구성

액션러닝의 구성요소와 과정

액션러닝은 학습팀, 러닝코치, 실제 문제, 학습의지, 실행의지, 그리고 질의와 성찰 등의 6가지 주요 요소로 구성할 수 있다. 이러한 구성요소들을 중심으로 액션러닝의 과정을 기술하면 다음과 같다(봉현철, 2007; 한국액션러닝협회, 2017).

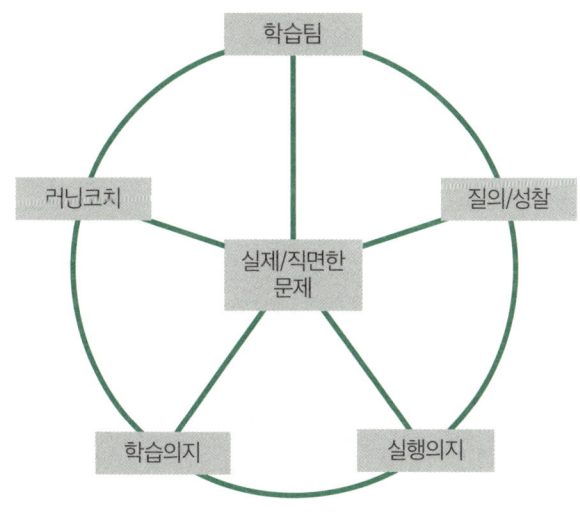

〔그림〕 액션러닝의 구성요소

1단계: 팀 구성과 과제부여

4-8명으로 구성된 학습팀(Set)을 구성하고 그 팀에게 꼭 해결해야 할 중대하고 난해한 과제를 부여한다. 학습팀 구성원들에게 각기 다른 과제를 부여(Open-Group Program)하거나 학습팀 전체에게 하나의 과제를 (Single-Project Program) 부여한다.

2단계: 팀 미팅과 과제 해결대안 모색

정해진 기간 동안 여러 번의 팀 미팅을 통하여 해결대안을 모색하며, 이때 팀의 효과성을 증진시키기 위하여 러닝코치가 팀 미팅에 참석한다. 러닝코치와 함께 문제해결기법, 의사소통 기술, 프로젝트 관리, 회의 운영기술 등 다양하고 강력한 기술들을 이용하여 과제에 대해 토론하고 성찰함으로써 해결대안 개발과 동시에 학습이 일어난다.

3단계: 해결대안 실행과 평가

해결대안을 개발한 후에는 그 해결대안을 상위 기관(회사의 경우 소속 부서장 또는 최고 경영층)에 보고한 후 직접 실행하며, 그에 대한 평가를 수행한다.

해당 액션러닝의 과정 속에서 학습팀은 정보를 수집하고, 대안을 개발하며 그 대안들에 대하여 토의하는 과정을 거친다. 해당 과정을 통해서 팀원 내 각자가 가진 다양한 관점에 바탕을 두어 여러 가지 질문을 제기하고 문제해결과정을 성찰하는 가운데 학습이 일어나는 것이다. 해당 팀원들은 문제해결방안을 정해진 시점까지 보고(회사의 경우 상위 기관)해야 하기 때문에 집중력을 발휘할 수밖에 없으며, 또한 자신들이 직면하고 있는 특정 문제 자체가 해당 팀이 직면한 실제적인 문제이기 때문에 해결에 대한 실행의지가 강함을 예상할 수 있다.

한편, 학습팀에서는 러닝코치의 역할도 중요한데 러닝코치는 학습팀 구성원들의 경청방법, 피드백을 주고받는 방법, 구체적 행동을 계획하고 대안을 찾아가는 과정과 방법, 다른 구성원들을 격려하는 방법 등을 조언한다. 또한 체계적인 방법을 통해 구성원들이 적절한 시기에 적절한 시간 동안 그들의 추진 경과를 성찰하고, 학습내용을 정리할 수 있는 기회와 분위기를 제공함으로써 구성원들의 학습 의욕을 고취시키고 학습 효과를 제고하는 데 기여한다(Marquardt, 2000; 봉현철, 2007 재인용).

교회교육 내 액션러닝의 가능성과 가치

교회학교 교사들의 수업 전략은 교사중심의 일방적인 전달에 집중하는 것이 사실이다. 또한 학생들의 신앙과 실제적인 삶의 문제를 터치해주지 못하는 수업으로 인해 학생들의 학습 참여의지가 높지 못한 것도 사실이다. 이러한 맥락에서 액션러닝은 기존의 교회학교 수업의 다변화를 이끄는 유익한 전략 중의 하나가 될 수 있다. 왜냐하면 천편일률적인 수업이 아니라 학생들의 자유로운 참여와 접근의 장을 열어줄 수 있기 때문이다. 또한 액션러닝은 교회학교 내 학생들의 개인 혹은 소속 집단과 관련한 중요한 문제를 과제로서 다루기 때문에 학생들의 실제적인 관심과 참여를 유도할 수 있어 교회학교 수업의 변화를 이끌 수 있다. 이는 실천적 역량이 부족한 교회학교 구성원들의 한계를 극복하게 할 것이며, 교회학교가 설정하고 있는 교육목표와 내용을 인지적인 차원을 포함하여 전인적인 사항으로도 확장하는 기회가 될 것이다. 이를 위해서 교회학교 교사들은 액션러닝을 위한 이상적인 과제를 선정하고 구성하는 것이 매우 중요한데 이는 다음과 같은 몇 가지 사항을 고려하여 수행해야 한다.

〔문제 구성에 있어 고려할 점〕
- 학생들에게 주어질 문제는 가상이 아닌 실제적인 문제이어야 한다.
- 학생들에게 주어질 문제는 개인과 해당 교육기관에 있어 중요한 문제이어야 한다.
- 학생들에게 주어질 문제는 주어진 시간 안에서 성취할 수 있는 산출물이 나올 수 있는 것이어야 한다.
- 학생들에게 주어질 문제는 일정 수준의 난이도가 있어야 한다.

블렌디드 러닝(Blended Learning) 전략

블렌디드 러닝의 의미

교육현장 속에서 온라인 학습 환경의 발전 속도는 급속하게 이루어지고 있다. 학생들의 학습 환경 속에서 컴퓨터를 활용한 교육적 활동이 가속화되고 있으며, 정보 통신기술의 발달은 인터넷, 모바일 등의 교육적 활용의 논의를 이끌고 있다. 이미 많은 연구들에서 온라인 학습 환경이 학생들의 자기 주도적인 학습 능력을 향상시킬 수 있음을 증명하여, 교육적 활용의 가능성을 긍정적으로 확인시켜주었다.

하지만 일방적인 온라인 학습은 학생의 자기조절능력의 차이와 부족, 학습 집중력저하, 교사와 학생 간의 상호작용의 질적인 수준의 저하 등의 한계점을 지니고 있어 일반적인 학습 환경으로써 오프라인 학습의 장이 반드시 필요로 함도 확인할 수 있다. 그러므로 온라인과 오프라인 학습 환경을 함께 활용하는 블렌디드 러닝 환경의 필요성이 자연스럽게 대두되었으며, 이와 관련된 다양한 시도들이 지속적으로 시도되어 발전을 거듭하고 있다.

구체적으로 블렌디드 러닝의 개념은 연구자들에 따라 다양한 해석과 설명이 이루어지고 있는데 가장 핵심적인 사항은 다음의 세 가지 사항들을 포함하는 개념으로 볼 수 있다(진동일·김희용, 2010). 첫째, 일반적인 오프라인 학습과 e-Learning을 기반으로 하는 온라인 학습의 결합 형태이다. 둘째, 학습 효과를 극대화하기 위하여 오프라인 학습과 온라인 학습의 교육적 장점만을 결합한 것이다. 셋째, 예전의 교육방법처럼 교수자 중심이 아닌 학습자 중심의 학습방법으로 인식하는 것이다.

아래는 블렌디드 러닝에 대한 다양한 학자들의 개념과 정의를 요약한 것이다.

[블렌디드 러닝에 대한 학자들의 정의]

구분	정의
수업 매체의 혼합 (Bersin, 2003)	수업에서 사용되는 교수매체나 전달매체들, 학습도구의 혼합으로 온라인 학습도구와 오프라인 학습도구의 혼합 등을 의미

면대면수업과 e-learning의 혼합 (Osguthorpe & Graham, 2003; Rooney, 2003)	면대면 학습이나 온라인 학습이 가지는 각각의 장점을 가지고 이들 간의 조화로운 균형을 통한 혼합을 의미
수업매체, 수업방법, 수업환경 모두의 통합 (Singh, 2003)	수업매체, 수업방법, 수업환경 등에서 한 가지의 혼합이 이루어지거나 모든 요소의 혼합을 의미
수업목표의 재개념화 (Wilson & Smilinich, 2005)	온라인과 면대면 교육의 혼합이라는 점에서 의미가 시작되었지만 점차 재개념화되어 바람직한 목표를 달성하기 위한 조화롭고 가장 효과적인 솔루션들을 사용하는 것을 의미
수업목표의 재개념화 (Wilson & Smilinich, 2005)	'on-line'과 'off-line'을 통합한 'all-line learning'의 전제에서 단순한 온라인과 오프라인의 통합이 아닌 학습의 효과성, 효율성, 그리고 매력성을 높이기 위한 이들 두 환경의 장점만을 활용하는 학습 과학적 접근에서의 혼합이며, 학습의 접근성, 편리성, 융통성 등을 높여주는 학습자 중심의 접근이 이루어진 혼합을 의미

*자료출처: 강정찬 (2010), p.245 재구성

이러한 방법적인 측면의 접근을 보다 확장적으로 설명하고 있는 연구자가 Driscoll(2002)이다. Driscoll은 블렌디드 러닝을 포괄적으로 설명하면서 최적의 학습 성과를 달성하기 위한 다양한 교육학적 접근들의 혼합까지도 주요한 접근으로 설정하고 있다.

블렌디드 러닝에 대한 다양한 견해는 그만큼 해당 개념이 복잡하고, 방대한 영역에서 접목될 수 있음을 시사하는 것이다. 하지만 이를 종합하여 본다면 블렌디드 러닝은 학습의 효율성 및 매력성을 극대화하기 위하여 온라인 및 오프라인, 다양한 교수 테크놀로지, 다양한 교수 학습 이론 등을 적절히 조합하거나 통합하는 교수

학습 방식으로 정의할 수 있다(이옥형, 2008).

교회교육의 현장 속에서 블렌디드 러닝의 접목은 수업 환경의 변화와 학생들의 수업 참여에 대한 동기를 부여할 수 있는 좋은 장이 될 것이며, 다양한 교수방법의 혼합을 통해 최적화된 수업 전략을 구성하는 데 이바지할 수 있을 것으로 예상한다.

블렌디드 러닝의 다양한 접근 방식

블렌디드 러닝은 그 접근 방식에 따라 수업의 과정이 달라질 수 있기에 수업현장과 관련된 영역별 블렌디드 요소들을 파악하는 것이 중요하다. 이와 관련하여 블렌디드 러닝의 다양한 접근 방식들을 살펴보는 것은 의미가 있다(주영주, 2005).

[블렌디드 러닝의 다양한 접근 방식]

영역	블렌디드 옵션
학습자	자기주도학습, 그룹기반 학습
시간	실시간·비실시간의 합성
공간	온·오프라인 연계
콘텐츠	구조화, 비구조화된 학습
방법	강의식, 사례연구, 전문가, 패널토의, 그룹토의, 경험학습, 역할 연기, 시뮬레이션, 워크숍, 팀 활동, 독서 등의 연계
중점적인 활동	콘텐츠 중심, 프로세스 중심, 상호활동, 스킬 개발, 사고활동
테크놀로지	텍스트 기반, 오디오 기반, 비디오 기반, 컴퓨터 기반 등
상호활동 수준	학습자-강사, 학습자-학습자, 학습자-커뮤니티, 학습자-Tool, 학습자-지식경영시스템, 학습자-학습환경 등의 연계

*자료출처: 주영주(2005), p.13

블렌디드 러닝을 통해 학습의 효율성 및 매력성을 극대화하기 위하여 학습자, 시간, 공간, 콘텐츠, 방법, 활동, 테크놀로지, 상호활동 수준 등의 영역들 속에서 주요한 요소들을 조합 및 통합하는 것은 블렌디드적인 상황을 다양화하는 과정이면서 동시에 학생들의 참여 유도 및 동기 유발의 자극 포인트를 다양화하는 것으로 이해할 수 있을 것이다.

주영주(2005)는 다양한 블렌디드 러닝의 접근 방식을 바탕으로 블렌디드 러닝 전략을 제시하고 있는데 1단계는 온라인을 통한 이해(Understanding)의 단계, 2단계는 연습(Exercise)의 단계인 하루 동안의 오프라인 강좌(1 day Offline), 3단계는 온라인을 통해 진행하는 적용과 반성(Application & Reflection)으로 구성하고 있다.

○ 1단계(Pre-online): Understanding
- 기본개념 및 원리 소개
- 온라인 사전 진단 및 피드백
- 석학의 동영상 강의와 다양한 예화 제공

○ 2단계(1 Day Offline): Excercise
- 1단계(Pre-online)를 정리, 학습진단 결과 공유와 해설
- 전문강사의 컨설팅, VTR 토론, 심화학습: 사례학습, 팀 실습
- Action Plan 수립

○ 3단계(Post-online): Application & Reflection

- 자기서명서와 학습동료 간의 실천 전략 수행에 대한 경험 공유
- 동영상 사례 학습
- 관련 이슈 실시간 토론, 문제 상황에 대한 해결전략 수립

교회학교 내 블렌디드 러닝의 가능성과 가치

교회학교 내에서 블렌디드 러닝의 가능성과 가치는 매우 크고 의미가 있는데 그 이유는 교회학교 현장에서 수행하는 교육의 내용들이 장기적인 시간을 통해 지속적으로 다루어져야 할 사항이기 때문이다. 블렌디드 러닝은 그 자체를 단회적인 학습 상황으로 이해하지 않으며, 중·장기적인 관점 속에서 연속적인 교육적 활동을 수행한다. 학생들에게 신앙요소의 핵심적인 가치와 내용들을 일회적인 활동으로 학습하도록 하는 것은 불가능하다. 반복적이며, 나선형적인 교육과정 속에서 지속적으로 학습이 이루어져야 할 것인데, 이는 온라인과 오프라인의 연속성 속에서 체계적으로 중·장기적인 과정 속에서 구현되어야 한다.

또한 블렌디드 러닝은 교회학교가 가지고 있는 물리적인 한계와 가정에서의 신앙교육 연계 등의 문제점들을 온·오프라인 통합을 통해 새롭게 시도해볼 수 있는 가능성을 열어주는 도구로서 그 의미가 크다고 할 수 있다. 1년 52주 매주 약 10~30분의 아주 짧은 시간 성경공부를 수행하는 학생들과 교회교육의 상황을 고려할 때 성경공부 시간이 얼마나 짜임새있게 진행되어야 할까 걱정이 앞선다. 더욱이 안타까운 것은 그 시간마저도 내실있게 진행되지 못하고 있는 것이 우리의 현실이다. 학생들과 만나는 52주의 각 주별

시간마저도 정확하게 보장되지 못하는 상황 속에서 학생들의 신앙 성숙을 기대하는 것은 막연한 기대감일 수밖에 없다. 그러므로 학생들의 52주의 주일 시간들을 연결해줄 수 있는 주중 학습활동과 주중 신앙양육의 과정들이 반드시 필요하다. 그 가교의 역할을 블렌디드 러닝이 대체하여 줄 수 있을 것으로 기대한다.

팀 티칭(Team Teaching) 전략

팀 티칭의 의미

팀 티칭은 2명 이상의 교사들이 협력적인 관계를 유지하면서 학생들의 교육적인 효과를 담보하고자 노력하는 전략이다. 팀 티칭은 단독 교사의 일방적인 교육과정 구성과 내용설정이 아니라 다양한 지식과 배경을 가지고 있는 교사들이 함께 모여 교육과정 구성과 내용설정을 계획하고 논의하면서 수행된다. 이 과정에서 교사들은 자신들의 수업과 교육 방법 등을 서로 관찰하며, 학생들에 대한 정보들을 공유하면서 팀 티칭을 시도한다. 아래는 대표적인 연구자들의 팀 티칭에 대한 개념적 정의이다.

[팀 티칭에 대한 다양한 정의]

구분	정의
Shapline & Olds (1964)	팀 티칭이란 2인 이상의 교수자들이 협동하여 일정의 학생들을 대상으로 하여 집단수업을 실시하는 것
Bauwens & Hourchade (1995)	팀 티칭은 교실 환경에서 상이한 전문성을 보유한 2인 이상의 교수자가 서로 다른 학습자들을 가르치기 위해 공동으로 작업을 수행함으로써 교수과정을 재구조화하는 것
Bergen (1996)	열린교육의 관점에서 팀 티칭은 전문가팀이 수업을 계획, 교수, 평가하는 것
정인성·이옥화 (2001)	팀 티칭은 동일한 학습자 집단 혹은 다양한 학습자 집단에게 양질의 수업을 제공하기 위해서 각자 전문성을 지닌 둘 이상의 교수자가 교수계획, 교수준비, 교수제공, 교수평가 등의 활동을 공동으로 진행하는 것

*자료 출처: 박경선(2014). p.14. 재구성

허희옥 외(2001)는 팀 티칭의 특성을 몇 가지로 정리하여 소개하고 있다. 이는 팀 티칭의 의미를 이해하고 파악하는 데 유익하다.

○ 팀 티칭은 대집단 수업과 소집단 수업 모두에서 적절하게 활용될 수 있다.
○ 팀 티칭을 통해 교사들은 자신의 전문성을 살릴 수 있으며, 다른 사람과 교수 방법에 대한 의견을 상호 평가하고 공유하여 좀 더 효과적인 교수-학습과정을 이룰 수 있다.
○ 팀 구성원 간에 불일치가 발생하면 협력이 깨지기 쉽고 시간 낭비의 결과를 초래할 수 있다.

○ 학습자들은 포괄적이고 전문적인 수업을 받을 수 있으며, 다양한 교사들의 다양한 교수-학습 전략이 실행되는 역동적인 수업에 참여할 수 있게 된다.
○ 학습자들은 교사들 간의 의견이 일치하지 않는 경우 혼동이 생기기 쉬우며, 다양한 교사들의 특성에 적응하기 위한 시간이 필요하다.

팀 티칭의 과정 및 모형

팀 티칭의 과정은 팀 티칭을 준비하는 준비단계, 학습목표를 명료화하여 팀 티칭 수업을 계획하는 계획단계, 실제 수업을 수행하는 실행 단계, 결과 평가 및 재설계를 수행하는 평가 단계로 구분할 수 있다. 이러한 일반적인 수행과정을 바탕으로 구체적으로 정인성/이옥화(2001)는 팀 티칭 모형을 세 가지 유형으로 구분하여 제안하였다. 물론 그들의 연구는 대학의 웹 기반 가상수업에 중심을 두고 있으나 팀 티칭의 과정과 모형을 이해하는 데는 주요한 시사점을 주기에 소개하고자 한다.

○ 책임/지원 교수자 모형

책임 교수자 1인이 지원 교수자들과 함께 기획, 개발, 운영에 참여하는 형태이며, 이는 세부적으로 다수 교수자 모형과 협력 교수자 모형으로 다시 구분된다. 다수 교수자 모형은 각 교수자에 따라 분반을 운영하나 공동기획 과정을 통해서 수행되는 것이며, 협력 교수자 모형은 각 교수자들이 공동기획, 공동개발, 공동운영의 과정을 통해서 수행된다.

○ 협력단계별 팀 티칭 모형

팀 티칭의 공동기획, 공동집필, 공동수업 진행 단계 중에 언제 협력을 하느냐에 따라 구분하는 형태이다.

○ 교수활동 영역별 팀 티칭 모형

협력 대상에 따라 교육내용 분담형, 수업 매체 분담형, 학습 장소 분담형으로 구분하는 형태이다.

교회학교 내 팀 티칭의 가능성과 가치

교회학교의 일반적인 교육 장면은 교사에 1인의 주도적인 활동에 따른 소그룹 활동이다 두 명 이상의 교회하교 교사가 공동으로 수업을 수행하고, 학생들을 관리하는 형태는 우리의 교회교육 상황에서는 어색하고, 익숙하지 않은 것이 사실이다. 하지만 학생들은 팀 티칭을 통해 신앙교육과 관련된 포괄적이고 다양한 수업을 받을 수 있으며, 매주 동일한 교사가 아닌 특색을 가진 다양한 교사에 의해 이색적이고 새롭게 시도되는 교수-학습 전략을 경험할 수 있다. 이러한 역동성을 팀 티칭을 통해서 구현할 수 있다. 물론 이는 충분한 교사 수급과 전문성이 동반되어야 할 사항으로 매년 말이면 교사 수급으로 고생을 하는 것이 일상적인 모습이 된 한국교회의 모습을 생각하면 팀 티칭을 통한 교회학교 수업의 변화는 요원한 것처럼 보인다. 하지만 교회학교 교사들의 안정적인 지원과 교육을 수반한 상태에서 학생들을 위한 교회학교의 팀 티칭의 시도는 현재 교회학교의 수업 환경과 패러다임을 변화시킬 수 있는 유용한 도구가 될 것임은 분명하다.

학습포트폴리오(Learning Portfolio) 전략

학습포트폴리오의 의미

학생들의 자기주도적 학습을 기반으로 최근 각광을 받고 있는 것이 학생들의 학습포트폴리오 전략이다. 초기 학습 포트폴리오의 개념은 학습자가 자신의 학습 성과 중에서 가장 큰 강점을 선택하여 발전과정을 한눈에 볼 수 있도록 성과물을 선택해서 정리해 놓은 것으로 주로 학교교육에서 평가에 활용하는 데 초점을 두었다(김진희, 2010). 하지만 최근의 학습포트폴리오는 학생 스스로가 자신의 성장과 발전을 다양한 방식으로 표현하고, 이를 통해 학생들은 자신이 수행한 학습을 심화, 정리, 자기성찰의 과정을 경험케 하는 전략으로 변모하였다. 이러한 학습포트폴리오의 변모는 자연스럽게 학생들이 어떻게 성장하고 있으며, 어떻게 성장을 위한 노력을 과정적으로 수행하고 있는가에 대한 사항들을 보여줄 수 있게 되었으며, 학생의 학습과 관련된 과정적인 내용들까지도 증명해 줄 수 있는 자료가 되는 것을 의미하고 있다. 전술한 유의미성이 최근 교육현장 속에서 학습포트폴리오가 주목받게 되는 이유이다. 전술한 맥락들을 살펴보면서 최근의 학습포트폴리오와 관련된 정의를 요약해본다면 학습포트폴리오는 학생들의 성장, 개인적 능력, 성취 수준, 과정적인 노력을 명확하게 보여주기 위한 목적으로 구성된 총체적인 자료를 의미하며, 학습과정과 결과에 대한 종합적인 관리 및 이를 비판적으로 성찰하는 기회를 제공하는 지원시스템이라고 할 수 있다(한안나, 2012). 또한 포트폴리오는 학생의 학습과정에서 산출된 자료를 체계적으로 기록 및 관리하는 것으로서 자신의 현재 상태를 파악하는 자기진단과 부족한 부분을 보완할 수 있는 자기 계획, 그리고 학습 성과물에 대한 자기 성찰(최애경, 2006: 최은희·최명숙, 2014 재인용)을 가능하게 하는 체제로도 볼 수 있다. 최근 이러한 학습포트폴리오는 온라인 및 웹 기반의 시스템을 활용하는 e-포트폴리오의 형태로 변화하고 있으며, 다양한 기능들이 탑재되어 학생들의 학습 사항들을 관리하기 위한 환경들을 제공하고 있다.

학습포트폴리오의 과정과 원리

학습포트폴리오는 지시와 문맥을 정의하는 것에서 시작하여 학습 과정을 서술하거나 지식의 생산물을 수집하는 과정, 그리고 수집한 자료들을 학습 자료로 선택하는 과정, 학습에 대한 성찰 과정, 학습 포트폴리오에 대한 학습 상담을 거쳐 새로운 학습의 목표를 세우는 결론 단계, 학습포트폴리오를 발표하고 전시하여 다른 학습자들과 전체 과정을 함께 공유하는 마감단계를 거친다(김진희, 2010). 그리고 이러한 과정은 기본적인 4가지 원리에 의하여 구축될 수 있는데, 그 원리는 다음과 같다(한안나, 2012). 물론 한안나(2012)가 제안하는 것은 대학생 수준의 학습 관리의 입장에서 강조하고 있으나, 학습포트폴리오의 수행 과정을 이해하는 데 중요한 시사점을 제공해준다고 판단한다.

○ 관리(Management)의 원리: 학습자의 학습활동의 과정과 결과를 체계적으로 수집, 저장, 관리할 수 있다는 의미이며, 학습자는 학습

관련 자원 및 자료를 수정, 보완함으로써 최신의 자원과 자료를 유지하도록 한다.

○ 성장(Development)의 원리: 학습자의 체계적인 경력 관리와 학력 관리로 본인의 능력을 파악할 수 있다는 것이며, 이를 위해 경력 및 학업계획서, 성적증명서, 수상경력증, 각종 활동 보고서, 인턴십, 자원봉사, 해외연수, 자격증 등을 포함한다.

○ 성찰(Reflection)의 원리: 학습활동의 지속적인 점검, 학습 철학과 스타일 확인을 통한 적합한 학습 방법을 개발할 수 있다는 것이며, 여기에는 학습 견학, 학습 스타일 진단, 적성 및 성격 진단(MBTI), 비전 진술문 등이 포함된다.

○ 교류(Communication)의 원리: 교수자와 학습자 간의 개인 노하우 공개와 피드백을 공유할 수 있다는 것이며, 여기에는 학습자료, 학습 노하우, 교수자의 피드백 등을 활용할 수 있다.

교회학교 내 학습포트폴리오의 가능성과 가치

최근 교육현장 속에서 학습포트폴리오가 의미하고 지향하는 바를 고려할 때, 학습포트폴리오가 교회학교의 수업 및 학습 환경에 던져주는 메시지는 크고 의미가 있다. 교회학교 교사는 학습포트폴리오를 통해서 학생들을 위한 신앙교육과 관련된 다양한 활동들을 체계적으로 관리할 수 있을 뿐만 아니라 이를 바탕으로 학생

개개인들에게 유의미한 성찰의 기회도 제공해줄 수 있는 적절한 장을 확보하게 되는 것이다. 이것은 교회학교의 수업 및 학습 환경 속에서 학생들의 신앙성장에 대한 종합적인 관리와 지원이 가능해짐도 의미한다. 왜냐하면 교회학교 교사들의 위치가 좀 더 학생을 위한 역할과 적절한 지원을 할 수 있는 자리를 확보해 주고 있다는 내용을 담고 있기 때문이다. 이는 교회학교 교사가 진정 학생들의 신앙 성숙에 의미 있는 타자로서 역할을 수행할 수 있도록 하며, 학생들의 신앙 성장을 위한 종합적인 과정들에 체계적으로 관여할 수 있는 위치로 의미있게 설 수 있도록 하는 것이다.

더불어 학생에 대한 신도 있는 이해와 학생의 신앙 성장을 위한 시계열적인 기초자료들을 구축하게 됨으로 교회교육의 주요한 축으로써 학생 이해에 대한 의미있는 자료들을 확보하게 되는 것이다. 이는 교육기관의 교육과정 구성과 교육내용 선정에 있어 천편일률적이거나 교육기관의 상황과 동떨어진 내용을 선정하지 않게 하여 효과적이면서도 구성원들에게 직접적인 교육이 이루어질 수 있는 정보들을 제공해줄 수 있는 상황도 된다.

HBLT(Hook-Book-Look-Took)수업 전략

HBLT 수업의 의미

Richards & Bredfeldt(1998)는 『Creative Bible Teaching』에서 학습의 스타일을 고려하면서 "Hook-Book-Look-Took"의 4

단계를 통해서 교회학교의 수업을 수행할 것을 제안하였다. 이와 관련하여 함영주(2012)는 각 단의 의미들을 다음과 같이 정리해주어 교회교육 현장의 적용성을 높여주었다.

○ Hook: 왜(why)
학생의 호기심을 자극하는 도입 활동으로써 교사는 미리 정해 놓은 주제와 일치하는 활동을 시도한다. 이 과정을 통해서 교사는 학생의 주의와 관심을 집중시키면서 본격적인 본문의 주제들을 미리 경험하게 한다.

○ Book: 무엇(what)
교회학교 교사가 성경 본문에 대한 충분한 지식과 준비를 바탕으로 학생들을 지도하는 과정이다. 교회학교 교사 스스로가 주어진 본문의 역사적 배경, 당시의 문화적 특징, 본문에서 지향하고 있는 원리, 해당 본문이 오늘날 학생들에게 주는 적용 사항들을 분석하여 학생들에게 의미있게 설명해주어야 하는 과정이다.

○ Look: 어떻게(How)
이 과정에서는 Book의 과정을 통해서 도출한 원리를 학생들이 직접 체험해보도록 하는 단계이다. 여기에서 중요한 것은 실제로 학생들의 삶에 적용될 수 있도록 설계하는 것이다. 단순히 성경적 지식만을 전달하는 것이 아니라 Look의 과정을 통해서 학생들의 삶에 실제적인 적용과 실천이 일어날 수 있도록 해주어야 한다.

○ Took: 무엇(What if)
학생들이 교회학교 수업과 공과를 마치고 자신의 삶의 현장으로 다시 돌아갔을 때 교회학교 교사로부터 학습 내용과 원리를 응용하도록 도움을 받는 과정이다. 이는 마치 공과의 과제로도 볼 수 있는데, 교회학교 교사는 다양한 상황들을 가정하여 학생들에게 질문하여 학생들이 응용할 수 있도록 자극하고 도와주어야 한다.

HBLT의 과정 및 단계별 주안점

함영주(2012)는 Hook-Book-Look-Took의 4단계에 따른 목표, 교회학교 교사의 역할, 학습의 특징, 학습의 방법을 세분화하여 제시해주었다. 이를 통해 Hook-Book-Look-Took 각 단계에서 집중적으로 다루어야 할 내용과 학습의 특징을 확인할 수 있으며, 이와 관련된 효과성을 담보할 수 있는 방법들을 확인할 수 있다.

[Hook-Book-Look-Took 각 단계에 따른 구분]

학습단계	목표	교사의 역할	학습의 특징	학습방법
Hook	성경공부를 해야하는 당위성 제시	• 학생의 삶과 본문의 주제를 연결시켜주기 • 학생들이 당면한 문제가 중요한 이슈이며 성경공부를 통해 반드시 다루어져야 함을 강조하기	• 주제와 관련된 학생들의 삶의 문제를 경청하기 • 학생들이 가진 문제를 공감하고 공유하기 • 대화와 공감을 유도하기 • 감정을 솔직히 나누기 • 현실의 어려움을 공유하기	• 아이스브레이크 • 오프닝 • 주제 던지기 • 토론 • 짝대화 • 주제 관련 동영상 및 음악 • 그림 도입 • 유머 • 브레인스토밍 • 그룹대화
Book	성경본문의 내용을 정확히 이해	• 성경공부의 큰 그림을 보여주기 • 세부적인 성경의 내용들을 구체적으로 전달하기	• 현실의 문제를 성경본문에서 다루고 있음을 보여주기 • 성경분석을 통해 본문의 일차적인 의미를 전달하기 • 질문과 대답으로 주제를 명확히 확인하기	• 지도 • 도표 • 강의 • 프레젠테이션 • 스티커 • 암송 • 테스트 • 성경읽기 • 질문법 • 귀납적 성경해석 • 컨셉맵

Look	내 삶에 이 본문이 어떻게 적용되는가	• 성경공부에서 배운 것을 실제로 적용해보도록 기회 제공하기	• 원리를 이끌어내기 • 성경원리를 직접 적용해보기 • 구체적인 행동을 생각해보기 • 문제해결을 위한 아이디어를 작성해보기	• 실천노트 작성 • 짝 기도 • 관련활동
Took	각 개인의 삶에 실제로 적용하고 평가하기	• 배운 내용을 일주일 동안 다양한 삶의 문제들 속에서 어떻게 적용할 것인가를 도와주기	• 성경의 원리와 실천 가능한 아이디어를 적용하기 • 이 아이디어를 창조적으로 응용해보기 • 적용을 평가해보기 • 과제를 일주일 동안 적용해보기	• 대화 • 보고서 • 과제 • 브레인스토밍

*자료출처: 함영주(2012). p.45

교회학교 내 HBLT의 가능성과 가치

교회학교 교사는 Hook-Book-Look-Took의 4단계를 수행함으로 학생들의 동기를 자극할 수 있는 수업 활동을 진행하게 하며, 나아가 학생들에게 역동적인 교육활동 경험을 제공해줄 수 있다. 주지하고 있듯이 한국 교회 내 교회학교에 참여하는 학생들의 학습 동기는 높지 않으며, 어떤 의미에서 수업시간에 참석하여 앉아있는 것 자체에 만족할 때가 많다. 이러한 상황 속에서 Hook-Book-Look-Took은 교회학교 교사들에게 실제적인 교수-학습과정과 관련된 체계적인 단계와 세부적인 활동들을 제시해줌으로써 학생들의 동기를 자극할만한 수준의 수업 활동들을 추구해나갈 수 있도록 한다. Hook-Book-Look-Took의 과정은 교사들 뿐 아니라 학생들이 직접 참여하도록 하므로 이를 더욱 강화시킬 수 있다.

또한 Hook-Book-Look-Took은 학생들에게 다양한 교육활동을 경험하게 만들어 준다. 학생들은 Hook-Book-Look-Took이라는 명확하게 구분할 수 있는 교육의 장을 통해서 하나의 주제에 대한 4가지의 교육적 경험과 활동을 수행하게 한다. 최근에는 Nook과 Cook의 단계도 Hook-Book-Look-Took에 포함되고 있어 그 활동이 더욱 다양해졌다고 판단한다. Nook은 학생들이 공과에 몰입할 있도록 분위기를 형성하는 것이며, Cook은 학생들에게 다음 학습 사항을 미리 준비하게 하는 단계로, 간단한 힌트나 관련 질문을 던져주는 것이다(함영주, 2012). Nook과 Cook까지 고려한다면 학생들이 경험할 수 있는 학습의 활동을 더욱 많아지는 것이다. 즉, 학생들의 한 가지 수업 속에서 각 단계에 따른 특성과 강조된 활동을 수행함으로써 학습의 몰입도를 향상시킬 수 있을 것이다.

역할극(Role Playing) 전략

역할극의 의미

역할극은 일반적으로 상담 영역에서 주요한 전략으로서 활용되어왔으나, 최근에는 교육현장에서 그 가치를 인정받아 적극적으로 활용되고 있다. 기본적으로 역할극의 의미는 수업에 참여하는 참가자들이 특정한 역할을 분담하여 연극의 형식으로 자신들이 경험하였던 문제를 표현하는 것이 중심이다. 이러한 역할극이 기존의 연극과의 차별성이 있다면 그것은 극을 이끌어가는 참가자들이 자신의 이야기를 중심으로 극을 전개하는 것이고 전문적인 각본이나 배우들에 의해서 수행되지 않는다는 것이다(양혜진, 2013). 즉, 참가자들은 자신들이 직면하고 있는 문제와 내용을 바탕으로 상황을 설정하고 그 속에서 자신들이 역할을 자발적으로 담당하여 수행해 나가는 것이다. 이러한 역할극 활용에 있어 몇 가지 주의사항이 있는데 그 내용은 다음과 같다.

첫째, 시간 활용의 융통성이 전제되어야 한다. 한국 교회 내 일반적으로 성경공부 시간은 30분이 채 안 된다. 그것 역시 충분하게 주어진 상황이 아니기에 역할극을 수행하기 위한 충분한 시간이 확보된 상태로 보기 힘들다. 그러므로 역할극을 온전히 수행하기 위한 충분한 시간을 확보하는 것이 필요하고, 만약 그러한 상황이 되지 않는다면 명확하게 시간을 제한하여 학생들이 시간을 준수할 수 있도록 해야 한다.

둘째, 허용적이며, 재미있는 분위기를 연출하는 것에 집중한다. 역할극 자체가 학생들의 자발적인 참여를 통해 수행함으로 학생들에게는 재미있는 시간이 될 것이 분명하다. 하지만 처음 시작 시점에서는 학생들이 어색해하며, 적극적인 참여를 이끌어내기 어렵기 때문에 교회학교 교사에 의한 자연스럽고 허용적인 분위기를 통해 역할극의 수행이 가능함을 확인시켜줄 필요가 있다.

셋째, 모든 학생들이 참여할 수 있도록 역할 배정에 관심을 기울여야 한다. 역할극은 학생들이 역할극을 수행함으로 학습을 진행하는 것이다. 그러므로 한 학생이라도 역할 배정에 있어 배제당하지 않도록 교회학교 교사는 신경을 쓸 필요가 있으며, 소수의 적극적인 학생들만이 참여하여 수행되지 않도록 노력한다.

역할극 수업의 과정

역할극을 활용한 수업의 과정은 연구자들과 실제 수업을 수행하는 교사들에 따라 창의적으로 구성할 수 있는데 일반적으로 상황제시 단계, 계획단계, 역할극 지도 단계, 역할극 수행 단계, 정리 및 평가 단계로 정리해볼 수 있다(강진숙·김난순, 2004; 김동렬·손연아·문두호, 2008).

○ 1단계: 상황제시 단계
학생들과의 역할극을 수행하기 전 사전 활동으로써 역할극의 구체적인 주제와 본 차시 수업을 통해서 목표하는 학습목표를 제시함으로서 역할극을 통해 학습한 문제적인 상황을 명료화하는 단계이다.

○ 2단계: 계획단계
1단계를 통해 명료화된 상황을 구체적인 역할 배정, 역할극 수행을 하기 위한 준비물, 역할극 수행을 위한 기본적인 골격 및 대본을 구성하는 단계이다. 이 과정에서 교회학교 교사는 학생들이 자유롭게 역할을 선택하도록 하고, 학생들의 관점에 따른 언어 그리고 자발적으로 구성한 대본이 도출될 수 있도록 유도한다. 초기 학생들의 참여를 이끌어내기 위해 교사의 주도적인 역할과 독려가 필요할 수도 있다.

○ 3단계: 역할극 지도 단계
학생들 스스로가 분담한 배역과 학생들이 구성한 대본을 통해서 역할극 사전 연습을 수행하는 단계로서 이 과정에서 교회학교 교사는 학생들의 발음, 표현방식, 말의 속도 등 본격적인 역할극 수행을 위한 정련화 작업을 수행한다.

○ 4단계: 역할극 수행 단계
학생들이 준비한 무대를 직접 수행하는 단계이다. 역할극에 적합한 장소와 환경을 구성하고, 학생들이 다른 그룹의 역할극 활동에 집중할 수 있도록 분위기를 조성한다. 학생들이 자신의 역할극 수행 준비에 몰두하여 다른 팀원들의 역할극 활동에 집중하지 못하는 것을 철저히 조율한다. 이 과정에서 역할극을 수행하는 팀에 대한 평가와 장·단점을 체크하도록 한다.

○ 5단계: 정리 및 평가 단계

마지막 정리 및 평가 단계에서는 학생들이 자신들의 역할극을 수행하면서 학습했던 내용이나 발견했던 문제들을 자유롭게 발표하도록 한다. 또한 4단계에서 요청한 다른 팀원들의 역할극 활동에 대한 피드백도 이루어질 수 있도록 하는데, 비판적인 분위기보다는 칭찬과 격려의 분위기를 연출하도록 노력한다.

교회학교 내 역할극의 가능성과 가치

역할극의 활용은 교육 및 학습현장에 상당한 적용성을 시사하고 있다. 왜냐하면 특정한 학습환경에 처한 학생들이 제안된 문제적 상황에 대하여 자신들의 생각과 감정을 자유롭게 토론하고, 그것이 단지 토론에만 머무는 것이 아니라 학생들이 직접 구체적인 활동들을 수행하는 과정을 만들 수 있기 때문이다.

학생들의 입장에서는 제안된 문제적 상황을 해결하기 위한 노력을 토론을 통해서 수행할 뿐 아니라 직접 이에 대한 구체적인 행위를 통해서 참여적인 활동의 수위를 최고조로 끌어올릴 수 있다. 또한 교사들의 입장에서는 설정된 학습목표에 대한 학생들의 직접적인 참여를 유도하기 용이하며, 수업 과정 자체를 체험적으로 이끌어갈 수 있는 장점이 있다. 이는 자연스럽게 학생들에게 학습의 목표와 내용들을 직접적으로 체득하게 만드는 과정이 될 수 있다.

교회학교 교사들은 전술한 역할극 수업의 과정을 이미 다양한 수준에서 수행해왔으며, 특히나 여름과 겨울 수련회 등에서 많이 활용하여 적용하고 있다. 하지만 일상적인 분반공부와 주일 프로그램 속에서 적용은 그리 많지 않기에 매주 프로그램 속에서 이를 어떻게 활용할 수 있을지에 대한 고민이 필요하다. 교회학교에 있어 역할극은 전문적인 연극이나 사이코드라마 보다 손쉽게 활용할 수 있기에 교회학교 수업 현장에 손쉽게 적용할 수 있으며, 교회학교 교사들에게 수업 준비의 부담 역시 학생들과 분담하기에 많지 않을 것으로 예상한다.

예수님의 수업에서 확인할 수 있는 다양한 수업전략의 모습

예수님의 교수법에 대한 사례와 내용들은 복음서에서 명확하게 확인할 수 있다. 예수님께서는 제자들을 훈련하시면서 그리고 그 시대의 사람들과 소통하시면서 교육적 활동을 수행하셨다.

예수님의 교육전략을 살펴보면 우리가 그동안 살펴보았던 교육방법의 원리들을 확인할 수 있어 놀라울 따름이다. 이와 관련하여 강용원(2008)은 예수님의 교육방법에 대해 일목요연하게 정리하여 교회학교 교사들에게 유익한 자료를 제공하고 있다.

1) 대화와 활동을 통한 참여를 강조하신 예수님

예수님은 강의법을 활용하시면서 학생들에게 일방적인 전달만이 아니라 상호간의 대화와 참여를 강조하시면서 교육적 활동을 수행하셨다. 그리고 그 대화의 상호작용의 수준은 인격적인 관계성을 중요시하면서 진행하신 것이다. 또한 예수님께서는 실제적인 행동을 요구하시면서 교육대상자들을 교육에 참여시키셨다.

- 도마에게 확인시켜주시는 장면: 요 20:27

- 베드로에게 물위로 걸어오게 하신 장면: 마 14:28-29
- 두 제자에게 나귀를 풀어오라고 하신 장면: 마 21:2-6
- 마지막 만찬에서 떡과 잔을 먹고 마시라고 요구하시는 장면: 마 26:20-29 등

2) 가르침을 통해 행동의 변화를 요구하신 예수님
예수님께서는 삶의 변화를 적극적으로 요청하시면서 가르침을 행하셨으며, 그를 통해 성숙한 삶으로 나아갈 것으로 요구하셨다. 여기에는 가치의 변화까지도 포함되는 전영역의 변화를 요청하신 것이다. 이를 통해서 한 개인 혹은 공동체의 구체적인 삶의 변화를 강조하셨다.
- 모든 사람들에게 바람직한 율법의 실행을 요구: 마 5:17-48
- 예수님의 행동("가서 너도 이와 같이 하라") 요청 장면: 눅 10:37

3) 행위로 본을 보이신 예수님
예수님께서는 자신의 삶과 말씀이 불일치한 삶을 살아가신 것이 아니라 행함과 가르침이 온전히 일치하셨음을 확인할 수 있다. 예수님께서는 자신에게 직접 배우라고 강조하셨으며, 신앙의 본을 제자들에게 보이셨다.
- 성전을 청결하게 하시는 장면: 마 21:12-13
- 제자들의 발을 씻기시는 장면: 요 13:4-11
- 기도의 본을 보이신 장면: 막 1:35; 막 6:46; 눅 22:39-44

4) 구체적이고 실제적인 것들을 사용하신 예수님

예수님께서는 추상적인 사항들보다는 구체적인 것을 사용하셔서 교육적 효과를 이루고자 하셨다. 예수님께서는 삶과 환경의 구체적인 내용들을 활용하시어 고차원적인 개념과 추상적인 내용들을 가르치셨다.

- 공중의 새와 들의 백합화를 통해서 믿음과 신뢰를 교육:

    마 6:26-28

- 바람에서 성령을 교육: 요 3:8

- 어린아이를 통해서 천국에서 큰 자를 교육: 마 18:4

- 티와 들보를 통해서 큰 잘못아 작은 잘못을 교육· 마 7:3

5) 질문을 효과적으로 이용하신 예수님

예수님께서는 교육적 활동의 시도와 접촉을 위해 질문을 많이 활용하셨으며, 흥미와 사고의 자극을 위하여 여러 질문을 활용하신 것도 확인할 수 있다.

- 대화 접촉을 위한 질문: 요 20:15; 요 21:5; 눅 8:43 이하

- 흥미와 사고의 자극을 위한 질문: 눅 5:22, 23; 마 11:7;

    마 12:48

6) 다양한 상황과 장소를 이용하신 예수님

예수님께서는 창의적이고 다양하게 주어진 상황들을 활용하셨다. 특정한 교실과 장소에서만 교육을 수행하신 것이 아니다. 가르침을 할 수 있는 어떤 곳에서라도 교육적 활동을 수행하신 것이다. 예수님

께서는 성전, 회당, 산, 들, 배, 결혼식, 장례식, 무덤가, 우물가, 길가, 밀밭, 다락방, 뜰, 왕궁, 빈 무덤 등 다양하며 핵심은 예수님의 가르침을 받는 사람들이 있었던 곳이 어디든지 해당되었다는 것이다.

이외에도 강용원은 예수님께서 실물교육을 수행하셨으며, 다양한 교육적 기회와 수사법 그리고 팀 티칭까지도 활용하셨음을 제시해 주었다.

3. 다양한 수업 전략 선정 및 적용 시 고려사항

학생의 참여를 독려하기 위한 수업 전략으로서 그동안 다양한 교육방법들을 살펴보았다. 교회학교 교사들은 다양한 수업전략들 통해서 학생들의 교회교육에 대한 만족도를 증진시킬 수 있으며, 교회교육의 질적인 수준을 향상해 나아갈 수 있다. 하지만 중요한 것은 다양한 교육방법과 수업전략들을 어떻게 선정하며, 적용할 것인가에 대한 책임은 교회학교 교사에게 맡겨진 과제이다. 교회학교 교사는 자신의 경험과 가치 판단에 따라 교육방법과 수업전략을 선택하겠지만 무엇보다 중요한 영역과 내용들이 있음을 고려하면서 신중하게 선정해야 할 것이다.

학생의 특성과 상황

학생을 고려한다는 것은 강조하였듯이 학습의 대상자로서 학생들의 특성과 상황을 파악하는 것이 무엇보다 중요함을 의미한다. 학생들은 개인차가 있으며, 학습을 수행하는 방식과 내용에 있어서도 많은 차이가 있음을 교회학교 교사는 인식해야 한다. 여기에는 실제로 학생들이 수업을 통해 무엇을 기대하고 있으며, 수업이 학생들에게 정말 도움이 되고 있는지, 학생들은 수업을 구체적으로 어떻게 느끼고 있는지 등의 내용들까지도 파악할 필요가 있다.

학생의 내면적인 특성과 상황 뿐만 아니라 물리적으로 수업을 수행함에 있어서 구성되는 학생의 수와 수업 규모 등도 고려되어야 한다. 무엇보다 교회학교 교사는 학생들의 입장에서 "내가 만약 학생이라면"의 태도와 마음을 가지고 수업을 구성하고 수행해 나아가야 하는 것이다.

교육내용

교육방법과 수업전략의 변화를 주기위해 특정한 방법들을 선정할 때 가장 중요한 것은 그것이 특정한 교육내용을 전달함에 있어 효과적인가 혹은 가장 적합한 방법인가를 고려하는 것이다. 예를 들어 성경의 지식적인 측면을 전달하고자 할때와 신앙적 태도와 정의적인 측면을 전달하고자 할때의 교육방법과 전략은 차이가 있어야 한다.

또한 교육 내용의 심화를 어느 정도로 추구해야 하는가에 따라서도 교육방법과 전략은 달라질 수 있다. 만약 교육내용이 학생들에게 일반적인 사항만 강조하는 것인가 아니며 심화된 내용을 통해 토론과 논쟁을 이끌어내야 하는 사항인가에 따라서 교회학교 교사가 선택할 수 있는 교육방법들은 차이가 날 수밖에 없다.

교육환경

최근 한국 교회교육 기관의 기본적인 교육환경은 다양한 인프라를 구축하여 텍스트 중심의 자료, 비디오 자료, 오디오 자료, 인터넷 자료 등 다양한 수준의 교육 자료들을 활용하여 수업이 가능한 상황에 있다. 더욱이 개인 휴대폰과 인터넷 네트워크 기술의 발전은 더이상 시간과 공간의 제약을 받지 않고 신앙교육을 할 수 있는 상황을 맞이하도록 만들었다. 그럼에도 불구하고 교육방법과 전략을 수립함에 있어 교회학교 교사는 어떠한 자료를 어떻게 전달하여, 학생들과 접촉할 것인가에 대한 방향을 설정할 필요가 있으며, 이 과정에서 학습과 관련된 교육환경의 특징과 구비 사항들을 체크하는 것은 매우 중요하다.

교회 및 교회교육 기관의 상황

교회학교 교사는 특정한 교회와 교육기관에 소속되어 있으며, 해당 교회와 기관은 자신들만의 독특한 교육풍토와 문화를 지니고 있을 가능성이 크다. 이는 교회학교 교사들로 하여금 지원적인 상황을 연출하여 적극적으로 도움이 될 수도 있지만 오히려 반대적인 상황이 연출될 수도 있다. 특정 교회와 교육기관이 학생들에게 기대하는 교육내용과 방법이 있을 수 있으며, 교회와 교육기관이 지향하는 교육목표가 존재할 수 있다. 그리고 엄연히 교회학교 교사는 그러한 교회와 교육기관에 소속된 구성원으로서 교회와 교육기관이 지향하는 바를 성실하게 이수하고 그에 준하는 교육 방법과 전략을 구축할 의무가 있는 것이다. 교회학교 교사는 다양한 교육방법과 전략을 선정할 때 교회와 교육기관이 지향하는 바가 무엇인가를 살피고, 담당교역자와 동료 교사들과 함께 고민하며 수업을 수행해야 할 것이다.

[다양한 수업 전략 선정 및 적용 시 고려사항]

영역	고려사항
학생의 특성과 상황	• 학생의 개인차 • 학생의 학습스타일 • 학생이 수업에 기대하는 내용 • 학생이 수업에 대하여 가지는 인식 • 학생의 수(반의 규모) 등
교육내용	• 교육내용의 방향(인지적, 정의적…) • 교육내용의 일반성 혹은 심화성 정도 • 교육내용의 토론 및 논의 여부 사항
교육환경	• 물리적인 교육환경 • 교육매체 활용 가능성 여부 • 텍스트 중심, 비디오, 오디오, 인터넷 기반 교육환경 등
교회 및 교육기관의 상황	• 교회 및 교육기관이 교회학교 교사에게 기대하는 내용 • 교회 및 교육기관이 학생에게 기대하는 내용 • 교회 및 교육기관이 선호하는 교육방법과 전략 • 교회 및 교육기관의 교육풍토와 문화

5장

학생참여를 위한 수업 노하우 전수

"교회학교 교사는 다양한 전략 속에서 구체적으로 학생들의 참여와 관심을 자연스럽게 유도할 수 있는 노하우(Know-how)가 필요하다. 이를 통해 교회학교 교사들은 교육내용과 핵심적인 가치들을 효과적으로 전달 할 수 있는 학습 풍토와 분위기를 만들어 갈 수 있다."

5장 학생참여를 위한 수업 노하우 전수

학생 참여를 위한 수업 노하우 전수

교회학교 수업 방식의 전환은 학생참여를 이끌어낼 수 있는가와 직결되어 있음을 다양한 수업방법과 전략을 통해서 확인할 수 있었다. 학생들이 즐거워하고, 학생들이 적극적으로 학습에 참여함을 통해서 우리의 수업이 생동감있게 변할 수 있다고 생각하니 흥분이 되고 가슴이 뛴다.

이를 위해서 교회학교 교사는 다양한 전략 속에서 구체적으로 학생들의 참여와 관심을 자연스럽게 유도할 수 있는 노하우[know-how]가 필요하다. 이를 통해 교회학교 교사들은 교육내용과 핵심적인 가치들을 효과적으로 전달할 수 있는 학습 풍토와 분위기를 만들어 갈 수 있다.

본 절에서는 학생 참여를 위한 수업 노하우로 앞서 살펴본 다양한 수업 방법과 전략 속에서 활용할 수 있는 구체적인 팁들을 소개하고자 한다. 이러한 접근을 통해서 학생이 주인공이 되는 수업을 좀 더 역동적으로 운영해 나아갈 수 있을 것이다.

학생 참여를 위한 수업 노하우 8가지

Know-how 1: "내 생애 최고의 '멘붕' 나누기"

○ 기본 개념

> -"내 생애 최고의 '멘붕' 나누기"는 수업에 참여하는 학생들로 하여금 자연스럽게 자신의 경험과 당황스러웠던 사건을 나누는 프로그램이다. 특별히 특정한 수업 목표와 관련된 상황을 고려하여 자신의 경험담을 이야기할 수 있도록 인도한다면 학생들은 즐거운 분위기 속에서 학습목표에 대한 접근을 수행할 수 있을 것이다. 또한 자신들의 당황스러웠던 경험들을 공유하면서 학생들의 어색한 분위기도 해소할 수 있을 것이며, 서로의 공감대도 형성할 수 있을 것이다.
> - 소요시간: 30분

○ 진행 방법

1) 교회학교 교사는 학생들에게 포스트잇 몇 장과 필기도구를 나누어 주고, 해당 종이에 자신이 경험하였던 '멘붕'상황을 제목과 키워드만을 쓰도록 한다.

2) 학생들은 교회학교 교사의 지도에 따라 해당 포스트잇 종이에 자신이 경험하였던 내용을 제목과 키워드로 쓰고, 교사에게 제출한다.

3) 교회학교 교사는 해당 포스트잇을 벽면에 부착하고, 그 내용들을 읽으면서 학생들과 상호작용을 시도한다. 이 과정에서 학생들이 활발하게 이야기할 수 있도록 하며, 자신들의 경험을 편하게 공유할 수 있도록 유도한다.

4) 특정한 학습목표와 관련된 환경 속에서 경험한 학생들의 경험을 도출하기 원한다면 교사는 특정한 문제와 상황에 대한 명확한 정의와 전달을 통해서 학생들이 혼동하지 않도록 구성한다.

○ 주의 사항

1) 학생들의 수가 많다면 모든 학생들의 경험을 피드백하기에는 시간이 부족할 것이다. 특정 키워드들을 범주화하여 학생들에게 유사한 성격들을 묶어서 상호작용할 수 있도록 한다.

2) 학생들이 경험하였던 '멘붕'의 상황을 어떻게 극복하고, 지혜롭게 대처할 것인가에 대한 측면에서 토론이 전개될 수 있도록 유도한다.

3) 학생들이 자신의 경험에 대하여 솔직하게 쓰고 공유할 수 있도록 편안한 분위기를 연출한다. 교회학교 교사의 경험을 더 이야기해보는 것도 도움이 될 것이다.

Know-how 2: "Mission Impossible(미션 임파서블)"

○ 기본 개념

-"Mission Impossible"은 수업과 학습을 시작하는 시점에서 학생들에게 학습 내용과 관련하여 가장 중요한 내용과 개념들을 정리하고, 그것에 대한 학생의 준비도를 점검하게 하는 것이다. 이는 학생들에게 수업과 관련된 활동에 있어 자신을 점검하게 하는 과정이며, 자신의 부족한 부분을 파악하여 학습의 동기를 자극하는 것이다.
- 소요시간: 15분

○ 진행 방법

1) 교회학교 교사는 학생들에게 오늘 수행할 수업목표와 내용을 명확하게 전달한다.

2) 교사로부터 전달받은 내용에 대하여 학생들은 토론을 통해 그 내용을 학습하기 위해서 필요한 핵심 개념과 주제들은 무엇이 있는지를 정리한다.

3) 교회학교 교사는 학생들이 선택한 주요한 개념과 주제들을 정리하여 학생들에게 미션수행을 위한 리스트로 표현한다.

4) 개별 학생들은 교회학교 교사로부터 구성된 미션 수행 리스트를 전달 받아 현재 자신이 알고 있는 내용과 모르고 있는 내용에 대한 체크를 수행한다. 자신이 알고 있는 내용에 대해서는 O, 자신이 모르고 있는 내용에 대해서는 X로 표시한다면 현재 자신의 준비도를 명확하게 파악할 수 있을 것이다.

○ 주의 사항

1) 특정한 학습 주제에 대한 이해도가 부족한 경우, 교사가 학생들에게 기본적인 내용들을 정리하여 제공하고 학생들의 논리적 전개 방향을 안정감있게 잡아준다.

2) 학생들이 관련 개념과 주제를 제시할 때 상호간의 토론에 의해서 도출될 수 있도록 분위기를 조성한다.

3) 학생들이 관련 개념과 주제를 제시할 때 너무 많거나 적지 않도록 일정 수준을 정하여 준다. 예를 들어 "예수님이 누구인가를 설명할 수 있는 5가지 방법"과 같은 형식으로 학생들에게 요청한다.

Know-how 3: "비밀 전달하기"

○ 기본 개념

- 교회학교 교사가 수업의 핵심적인 개념과 주제를 명확하게 하고, 학생들이 그 내용을 분명히 학습하였는가를 살펴볼 수 있는 프로그램이다. 교회학교 교사는 수업의 중요 개념을 학생들에게 전달하고 학생들은 그 내용을 자신의 팀원 학생들에게 귓속말로 전달하여 마지막 학생은 자신이 전달받은 개념과 내용을 종이에 쓰는 것이다. 교회학교 교사들은 해당 프로그램을 통해 학생들에게 반복적으로 개념을 숙지할 수 있도록 하며, 학생들은 게임을 통해서 수업시간에 교사로부터 학습한 내용을 자연스럽게 익힐 수 있게 된다.
- 소요 시간: 15분

○ 진행 방법

1) 교회학교 교사는 학생들을 조별로 구성한다.

2) 조별로 구성된 학생 중 첫 번째에 해당하는 학생은 교사로부터 특정한 주제와 개념을 전달받는다.

3) 교사로부터 내용을 전달 받은 학생은 자신의 조원 중 다음 학생에게 귓속말로 해당 내용을 전달하고 이를 마지막 학생에게까지 자연스럽게 이루어질 수 있도록 한다.

4) 마지막에 내용을 전달 받은 학생은 해당 사항을 종이에 기록한다.

5) 각 조별로 기록한 종이를 학생들이 발표하면서 수업의 주요 개념들을 확인하고, 부족한 부분을 보완한다.

○ 주의 사항

1) 교회학교 교사는 너무 모호한 주제와 내용을 학생들에게 전달하지 않아야 한다.

2) 조별로 참석한 학생들 중 단기적인 암기에 어려움이 있는 학생은 해당 프로그램의 수행이 어려울 수 있다.

3) 가능하다면 첫 번째 주자와 마지막 주자의 경우, 모든 학생들이 경험할 수 있도록 순서를 조정한다. 특정 수업(정해진 수업 시간이 있으므로)에서 모든 학생들을 배려하기 보다는 해당 프로그램을 다른 수업에서도 자주 활용하면서 학생들에게 다양한 경험을 선사할 수 있도록 한다.

Know-how 4: "○○ 글자로 말해요"

○ 기본 개념

- 학생들에게 특정한 주제를 주고 그 주제를 생각하면 생각이나 이미지를 특정한 숫자의 글자로 표현할 것을 요청하는 프로그램이다. 이는 교회학교 교사가 의도하는 학습주제와 개념에 대한 학생들의 생각과 인식을 파악하는 데 용이하며, 학생들에게는 교육내용에 대한 관심을 유발할 수 있다. 예를 들어 "교회란 무엇인가?"에 대하여 "여섯 글자로 표현해보세요"라고 학생들에게 일러주고, 학생들은 교회에 대한 자신의 생각을 여섯 글자로 표현하는 것이다.
- 소요 시간: 10분

○ 진행 방법

1) 교회학교 교사는 학생들에게 종이와 필기도구를 나누어준다.

2) 교회학교 교사는 학생들에게 특정한 주제에 관한 질문을 던지고, 학생들은 그 내용을 바탕으로 토론을 수행한다.

3) 개별 학생들은 토론한 내용과 자신의 의견을 바탕으로 ○○ 글자로 자신만의 창의적인 답을 구성한다.

4) 학생들은 자신이 작성한 답변을 소개하고, 왜 그렇게 답을 작성하였는지에 대한 자신의 생각을 발표한다.

○ 주의 사항

1) 교회학교 교사가 제시하는 질문과 내용은 반드시 이번 차시 수업의 핵심적인 주제와 깊은 연관이 있어야 한다.

2) 학생들이 질문에 진지하게 답을 하고 다른 학생들의 발표를 경청할 수 있도록 분위기를 지도한다.

Know-how 5: "내 공을 받아라"

○ 기본 개념

- 수업 시간에 전체 학생들의 의견과 적극적인 토론을 할 때 사용할 수 있는 프로그램이다. 토론이 이루어져야 할 시점에서 교회학교 교사는 학생들에게 공 하나를 주고, 교회학교 교사가 제시하는 토론 주제에 대하여 공을 받는 학생이 자신의 의견을 발표할 수 있도록 한다. 자신의 의견을 발표한 학생은 자신의 공을 다른 학생에게 굴리거나 던져서 그 공을 받은 학생이 교사가 준 토론 주제에 대하여 발표할 수 있도록 한다.
- 소요시간: 15분

○ 진행 방법

1) 교회학교 교사는 토론을 위한 주제를 선정하고, 해당 내용을 학생들에게 제시한다.

2) 교회학교 교사는 적절한 공을 준비하여 학생들에게 던지고, 그 공을 받은 학생은 자신의 의견을 발표한다.

3) 두 번째 발표부터는 처음 공을 받은 학생이 다른 학생에게 공을 던지거나 굴려서 발표가 진행될 수 있도록 한다.

4) 교회학교 교사는 스톱워치를 통해 발표의 시간을 정하여 정한 시간 안에 공이 다른 학생에게 갈 수 있도록 진행한다.

○ 주의 사항

1) 특정한 학생들이 자신들끼리만 공을 주고받지 않도록 주의한다.

2) 장난이 심해져서 공을 통해 안전사고가 일어나지 않도록 주의한다.

3) 토론에 참석한 모든 학생들이 의견을 발표할 수 있도록 지도한다.

Know-how 6: "우리의 정답은 하나"

○ 기본 개념

- 학생들이 학습 내용을 정확하게 파악하고 있음을 확인할 수 있으며, 학생들의 팀워크를 향상시킬 수 있는 프로그램이다. 교회학교 교사는 수업을 통해 전달한 학습 내용을 퀴즈의 형태로 구성하고, 학생들은 그 퀴즈에 답을 하는데 개별적으로 답을 말하는 것이 아니라 동시에 동일한 정답을 각 팀이 함께 외치는 것이다. 학생들간의 표현이 동일해야 하며, 정답을 발표하는 타이밍도 동일해야 한다. 학생들은 자신의 팀원들과 함께 정답을 외치면서 수업의 주요 개념을 익히고, 조별 팀워크도 향상시킬 수 있다.
- 소요시간: 20분

○ 진행 방법

1) 교회학교 교사는 학생들에게 퀴즈 전체를 안내하고 규칙을 설명한다. 규칙 중 가장 중요한 것은 퀴즈가 나갈 때 조원들끼리 정답에 대하여 토론하거나 이야기해서는 절대로 안 된다는 것이다.

2) 각 팀 조장의 수신호를 통해 전체 팀원이 교사가 낸 퀴즈의 정답을 동일한 타이밍에 함께 외쳐야 한다. 이때 정답은 모든 팀원들이 똑같이 표현해야 한다.

3) 교회학교 교사와 다른 조원 학생들은 발표한 조의 정답과 타이밍을 파악하여 성공과 실패를 판단한다.

○ 주의 사항

1) 교회학교 교사는 학생들을 위해 충분한 수업 관련 퀴즈를 준비한다.

2) 퀴즈가 진행되는 동안에는 절대로 조별로 대화가 이루어져서는 안 된다.

3) 조별로 대화가 이루어질 시 패널티를 부과한다.

Know-how 7: "초스피드 글자 맞추기"

○ 기본 개념

- 교회학교 교사가 수업할 주요 개념이나 수업 후 학습하였던 핵심적 개념을 파워포인트로 제작하고, 파워포인트의 슬라이드를 빠르게 지나가게 하는 것이다. 학생들은 빠르게 지나가는 슬라이드를 통해 개념과 단어 혹은 문장의 정보를 얻어 오늘 수업할 내용이나 수업 하였던 개념을 파악한다. 학생들이 정답을 맞추게 되면 교회학교 교사는 해당 개념에 대하여 간략하게 정리하여 설명하고, 수업과 관련된 내용을 심화시킨다.
- 소요시간: 10분

○ 진행 방법

1) 교회학교 교사는 수업과 관련된 주요 개념을 파워포인트로 준비한다.

2) 학생들은 교사가 제시하는 파워포인트에서 글자를 확인하고, 그 내용이 무엇인가에 대해 발표한다.

3) 수업이 종료된 후의 퀴즈라면 해당 개념이 무엇인지 발표한 학생이 그 개념에 대하여 학생들에게 다시 설명한다.

○ 주의 사항

1) 교회학교 교사는 미리 충분한 파워포인트 슬라이드를 준비한다.

2) 파워포인트 슬라이드의 난이도를 단계로 나누어 초기에는 천천히 표현되는 퀴즈를 제시하고, 점점 슬라이드의 속도를 높여서 학생들의 흥미를 자극한다.

Know-how 8: "실천 프로젝트"

○ 기본 개념

- 수업 시간에 학습하거나 토론한 내용을 실제 적용하고, 변화시키기 위한 전략을 도출할 수 있는 프로그램이다. 교회학교 교사는 학생들과 함께 수업을 통해 제시된 문제적 상황에 대하여 논의한 내용을 정리하면서 어떻게 하면 구체적으로 실천에 옮길 수 있을지를 논의할 수 있다. 학생들을 "실천 프로젝트"를 통해서 수업시간에 배운 학습 내용의 실제적인 적용을 통해서 문제를 해결하고, 학습의 동기를 강화할 수 있다.
- 소요시간: 20분

○ 진행 방법

1) 교회학교 교사는 조별로 큰 종이 혹은 화이트 보드, 필기도구를 나눈다.

2) 수업시간에 학습하였던 내용을 중심으로 학생들과 토론하고, 수업 시 논의되었던 문제적인 상황을 어떻게 변화시킬 수 있을까에 대한 의견을 제시한다.

3) 이를 위해 교회학교 교사는 ① 현재 유지해야 할 것, ② 새롭게 시도해야 할 것, ③ 변화를 위해 하지 말아야 할 것을 구분하여 학생들이 전략을 세울 수 있도록 지도한다.

4) 학생들은 ① 현재 유지해야 할 것, ② 새롭게 시도해야 할 것, ③ 변화를 위해 하지 말아야 할 것에 준하여 토론 주제에 대하여 자유롭게 의견을 개진하고, 그것을 종이 혹은 화이트 보드에 작성한다.

5) 각 조별로 작성된 내용을 발표하고, 다른 조와 토론으로 내용을 심화시킨다.

6) 교회학교 교사는 최종적으로 ① 현재 유지해야 할 것, ② 새롭게 시도해야 할 것, ③ 변화를 위해 하지 말아야 할 것을 선정하고, 이를 공동체에 적용하기 위해 노력할 것으로 강조한다.

○ 주의 사항

1) 학생들이 주어진 상황에 대하여 현실적인 의견을 도출할 수 있도록 지도한다.

2) 학생들의 토론과 의견 발표 과정이 중요함을 강조한다.

3) 학생들이 허용적인 분위기에서 자연스럽게 발표하고 자신의 의견을 표현할 수 있도록 한다.

4) 최종적으로 선정된 ① 현재 유지해야 할 것, ② 새롭게 시도해야 할 것, ③ 변화를 위해 하지 말아야 할 것에 대하여 공동체 차원에서 유지하고 적용할 수 있도록 한다.

5) 실천 프로젝트를 통해 제기된 문제가 어떻게 변화하였고, 그 과정이 어떠하였는지를 지속적으로 점검하여 일정 기간이 지난 시점에서 학생들과 공유할 수 있도록 한다.

6장

'잘할 수 있을까?' : 두려운 마음이 드는 교사들에게

"교회학교의 변화된 환경과 수업 속에서 학생들이 주인공이라고 인식한다고 해서 교회학교 교사들의 자리가 사라지거나 줄어드는 것은 결코 아니다. 오히려 교사들의 역할은 더욱 중요하게 되고, 그 활동 범위는 넓어진다."

6장 '잘할 수 있을까?' : 두려운 마음이 드는 교사들에게

변화를 시도하는 나의 수업, 학생들이 어색해하지는 않을까?

그동안 학생을 생각하는 다양한 교육방법과 전략들을 살펴보았다. 이제는 우리가 직접 적용하는 과제만이 남아있다. 그동안 나는 많은 세미나와 특강 그리고 교회현장 속에서 다양한 교회학교 교사들을 만나왔으며, 그분들의 열정을 확인해왔다. 그런데 재미있는 것은 그분들 모두 공통적인 고민과 걱정이 있었다. 그것은 바로 자신의 변화에 대한 학생들의 반응이다.

'내가 변화했을 때 학생들이 어색하게 생각하지 않을까?' 혹은

'나의 변화된 교육방법과 수업전략을 보면서 학생들이 적극적으로 수업에 참여해줄까?'와 같은 내용들이었다. 그 질문에 나는 자신있게 대답을 한다.

"교회학교 교사들은 걱정하지 않아도 됩니다!"

나의 자신감있는 답의 이유는 다름이 아니라 학생들의 상황 때문인데, 이미 학생들은 다양한 교육방법을 통한 수업 진행에 익숙한 상태에 있기 때문이다. 우리의 교회학교 수업의 방식은 70년대와 80년대 그리고 90년대의 형식에 여전히 머물러 있다. 시대에 뒤쳐져 있는 것이다.

학생들은 학교와 학원에서 이미 오랫동안 학습자 중심의 교육 환경에 노출되어 왔으며, 그와 같은 형태의 교육방법과 수업 진행에 아주 익숙하다. 실제로 과거 제7차 국가수준 교육과정에서부터 학습자중심을 표방하여 한국의 모든 공교육 현장에서 강하게 적용되어 왔다. 물론 그것의 달성 수준과 효과성을 논하는 것은 다른 문제이다.

이제 교회학교 교사로서 결단하고 최선을 다해 자신의 수업을 변화시키고자 노력하는 일만이 남았다. 걱정하지말고, 변화시켜보라! 학생들은 행복해하게 수업에 참여할 것이다.

그렇다면 교회학교 교사로서 나의 역할은 무엇인가?

교회학교의 변화된 환경과 수업 속에서 학생들이 주인공이라고 인식한다고 해서 교회학교 교사들의 자리가 사라지거나 줄어드는 것은 결코 아니다. 오히려 교사들의 역할은 더욱 중요하게 되고, 그 활동 범위는 넓어진다. 교회학교 교사들이 학생을 생각하는 수업에서 수행해야 할 역할들을 소개하면 다음과 같다.

철저히 하나님의 말씀과 정통적 교리에 준하는 안내자가 되어야 한다.
교회학교 교사들은 신·구약 성경이 하나님의 말씀이며, 우리들 삶의 정확무오한 유일한 길임을 믿고, 그것에 철저히 근거하여 학생들의 학습 과정을 지도하고 안내해주어야 한다.

학생들의 토론과 학생들의 자기주도적인 학습 과정 속에서 경계를 설정해주고, 성경말씀에 근거한 심화된 토론과 답변들을 주어야 할 것이다. 그리고 학생들이 정통적인 교리의 방향으로 자신들의 논리와 토론을 발전시킬 수 있도록 탄력적으로 개입하여 학생들의 논리적 사고의 방향이 바르게 흘러갈 수 있도록 지도하는 것에 유념해야 한다.

이를 위해서 교회학교 교사들은 자신들의 성경적 지식과 교리적 차원의 깊은 이해도와 전문성을 갖추어야 할 것이다. 말씀에 근거하지 않는 교육과 안내는 학생들의 삶을 올바른 방향으로 지도할 수 없다. 이는 교회학교 교사의 정체성과도 직접 연결된다. 철저히 하나님의 말씀과 정통적 교리에 준하는 안내자가 되어야 한다. 정통적 교리 학습을 위하여 나는 아래의 사항을 꼼꼼하게 챙겨볼 것을 추천한다.

- ▷ 제네바 요리문답(Geneva Catechism, 1541년)
- ▷ 스코틀랜드 신앙고백(Scotland Confession, 1560년)
- ▷ 벨직 신앙고백서(Belgic Confession, 1561년)
- ▷ 하이델베르크 요리문답(Heidelberg Catechism, 1563년)
- ▷ 영국교회의 39개조 신조(39 Articles, 1563년)
- ▷ 제2 스위스 신앙고백서(Second Helvetic Confeession, 1566년)
- ▷ 도르트신조(Canons of Dort, 1619년)
- ▷ 웨스트민스터 신앙고백서(Westminster Confession of Faith, 1647년)

학생들의 성화를 위한 안내자가 되어야 한다.

교회학교 교사들은 학생들이 신실한 그리스도인으로서 성장할 수 있도록 지속적으로 자극하고 안내해주어야 한다. 우리는 예수 그리스도의 풍성한 은혜와 의의 전가에 근거하여 믿음으로 의롭게 되었다. 우리의 공로가 없으며, 우리는 자격도 없이 오직 은혜로 하나님의 자녀가 되었다. 학생들이 이 놀라운 은혜에 반응하며, 그리스도인 답게 성숙하게 살아갈 수 있도록 안내해주어야 한다. 이 과정에서 교회학교 교사는 학생들 스스로가 그 의미를 깨닫도록 장을 열어주고, 관련된 자료들을 소개하여 학생들이 능동적으로 놀라운 은혜의 과정들을 학습해갈 수 있도록 안내해야 한다.

학생들에게 하나님의 창조세계를 열어주는 안내자가 되어야 한다.

교회학교 교사들은 하나님께서 창조하신 우주만물이 선하고 아름다우며, 그 구조 속에서 우리의 모든 삶의 요소들이 존귀함을 학생들에게 안내해주어야 한다. 학생들이 이분법적인 사고 속에서 성과 속을 구분하여 하나님께서 창조하신 세계를 제한하거나 오해하지 않도록 하며, 그들에게 하나님께서 허락하신 다양한 삶의 영역 속에서 아름다운 청지기로서 살아가는 사명에 충실할 수 있도록 안내해주어야 한다. 이는 구체적으로 하나님께서 허락하신 온 우주만물에 대한 올바른 관점을 가지도록 하는 것을 의미하며, 동시에 그 속에서 자신의 일상적인 삶의 작은 행위까지도 하나님의 손길을 느끼며 책임감 있게 살아가게 하는 것을 뜻한다.

학생들에게 개방적인 수업 환경을 조성하는 안내자가 되어야 한다.

학생들이 주인공이 되는 수업 속에서 전제가 되어야 할 사항은 편안하고 개방적인 학습 환경 조성이다. 교회학교 교사는 이 부분이 이후 학생들의 학습의 질을 결정하고, 강력하게 영향을 주는 요소임을 기억하고 최선을 다해서 개방적인 환경을 구축해야 한다. 즉, 학생들이 발표나 대화함에 있어 두려움을 가지지 않도록 해야 하며, 학생들이 서로의 생각을 주의 깊게 들을 수 있는 분위기를 조성해야 하는 것을 의미한다.

일반적으로 한국 교회의 분위기 속에서 학생들의 자기주도적인 발표와 토론이 쉽지는 않다. 교회교육 속에서 이를 기능적으로 열어줄 수 있는 환경과 상황을 교사가 효과적으로 열어주는 역할을 수행해야 한다. 다행스럽게도 앞서 언급하였지만 이미 학생들은 학습자중심의 학습 환경 속에 노출된 경험들이 축적되어져 있기 때문에 교회학교 교사들이 이를 어떻게 만들어 가는가에 따라 유의미하게 수업이 진행될 수 있을 것이다.

주체적으로 수업을 설계하고 구성할 수 있는 안내자가 되어야 한다.

교회학교 교사는 교육내용과 주제에 따라 다양한 교육방법과 전략을 구성할 수 있어야 하며, 이 과정에서 교사의 전문성을 바탕으로 주체적인 과정들이 수행해야 한다. 특정한 수업전략과 방법을 고수하기보다는 특정한 주제에 따라 다양한 변화도 줄 수 있어야 한다. 예를 들면 전체적인 교육과정의 흐름을 고려하여 어떤 주제에서는 플립러닝을, 어떤 주제에서는 강의법을, 어떤 주제에서는 문제기반학습 등을 구성하여, 교수-학습의 모든 과정 자체를 교사 스스로가 디자인할 수 있는 존재가 되어야 한다.

이것은 교육내용을 가장 효과적으로 전달할 수 있는 전략이 무엇인가를 도출할 수 있는 교사의 전문성을 전제하는 것이며, 수업 전반의 환원주의와 특정 전략의 일원화를 탈피하고 수업 자체의 주도성을 교사가 잃지 않는 주요한 요소인 것이다. 따라서 교회학교 교사는 주체적으로 수업을 설계하고 구성할 수 있는 안내자가 되어야 하는 것이다. 그럴 때 자신만의 수업과 전문성이 더욱 빛날 것이고, 학생들은 자신들의 선생님만이 가진 수업 매력에 빠질 것이다.

참고문헌

강용원(2008). 기독교교육 방법론(기독교교육학 기본교재 총서 7). 서울: 한국기독교교육학회.

강용원(2008). 유능한 교사의 성경교수법. 서울: 생명의 양식.

강정찬(2010). 블렌디드 학습 환경에서 자기 주도적 학습능력 신장을 위한 학습기술 훈련 프로그램 개발. 초등교육연구 23(3). 239-265.

강진숙·김난순(2004). 영어 역할극이 초등학생의 영어 듣기 능력에 미치는 영향. 교육연구 12(1). 99-117.

곽영순(2012). 학습자의 핵심역량 개발을 위한 과학과 수업방법 개선 방안. 한국과학교육학회지 32(5). 855-865.

교육과학기술부(2008). 초등학교 교육과정 해설(I): 총론, 재량활동. 서울: 교육과학기술부.

김남익·전보애·최정임(2014). 대학에서의 거꾸로 학습(Flipped learning) 사례 설계 및 효과성 연구: 학습동기와 자아효능감을 중심으로. 교육공학연구, 30(3), 467-402.

김동렬·손연아·문두호(2008). 역할극을 활용한 지구 온난화와 생태계 변화에 관한 수업이 고등학생들의 학업성취도와 환경적 태도에 미치는 효과. 환경교육 21(4). 12-24.

김진희(2010). 체육전문인교육에서의 셀프코칭: 학습포트폴리오 활용 사례. 교육문화연구 16(3). 163-182.

문경구(2017). 플립러닝을 활용한 청소년 설교 적용 사례: D 교회를 중심으로. 제2회 코람데오 대학원생 연합논문발표회 자료집. 부산: 고신대학교

박건호(1997). 금융정책 시뮬레이션의 효과적인 수업방법 탐색. 서울대학교 석사학위논문.

박경선(2014). 공학교육에서의 팀티칭기반 융합프로젝트중심 교수학습모형의 개발. 공학교육연구 17(2). 11-24.

박삼열(2012). 토론식 수업에서의 교수자 전략. 교양교육연구 6(4). 237-262.

박성희·송영선·나항진·황치석·문정수·박미숙(2013). 평생교육방법론. 서울: 학지사.

박우성(2002). 역량중심의 인적자원관리. 서울: 한국노동연구원.

박은숙(2013). 대학에서의 기독교역량 교육모형 개발 및 적용. 기독교교육정보 37. 93-121.

박진우·임철일(2016). 육군 학교교육의 플립러닝 기반 상황위주 토의식 수업을 위한 교수 전략 개발 연구. 교육공학연구, 32(4), 771-808.

방진하·이지현(2014). 플립드 러닝(Flipped Learning)의 교육적 의미와 수업 설계에의 시사점 탐색. 한국교원교육학회, 31(4), 299-319.

봉현철(2007). 한국 기억 액션러닝 프로그램의 핵심성공요인 탐색: 요인의 내용과 요인간의 관계에 관한 고찰. 경상논총 25(3). 1-34.

부성숙(2014). 액션러닝 수업이 예비 유아교사의 자아개념 및 자기효능감에 미치는 영향. 유아교육학논집 18(5). 29-52.

신용주(2013). 평생교육방법론. 서울: 학지사.

양혜진(2013). 교내 위기 청소년 대상 역할극의 활용. 한국사이코드라마학회지 16(1). 17-31.

윤갑정·김미정(2008). 다문화시대 유아교사의 문화적 역량 개발 방향 탐색. 미래유아교육학회지 15(4). pp.55-85.

이상수(2007). Blended learning의 의미와 상호작용 설계원리에 대한 고찰. 교육정보미디어연구, 12(1), 225-250.

이수인(2014). 교회학교 교사교육을 위한 문제중심 학습법의 사용. 기독교교육논총 37. 233-259.

이옥형(2008). 블렌디드 러닝과 면대면 수업의 학업성취도에 관한 연구. 청소년학연구 15(1). 1-27.

이윤옥(2006). 자기주도학습 개념 분석 및 측정도구 개선방향에 관한 제언. 아동교육 16(1). 19-30.

이현철(2012). 교회학교 다문화 역량의 의미와 개발. 개혁주의 기독교교육의 새로운 지평: 고신총회 설립 60주년 기념 교육 논문집.

장의선(2004). 학습스타일과 지리교과 내용 특성. 대한지리학회지 39(1). 132-152.

장화선(2017). 역량기반교육의 맥락에서 사범계 기독교교육과 동향: A 대학교 신학대학 기독교교육과 사례를 중심으로. 성경과 신학 81. 31-50.

정문성·김동일(1999). 열린교육을 위한 협동학습의 이론과 실제. 서울: 형설출판사.

정석기(2015). 수업기술 향상을 위한 좋은 수업설계와 실제. 서울: 박영story.

정인성·이옥화(2001). 대학의 웹 기반 가상수업 팀티칭 모형 개발 연구. 교육정보방송연구, 7(2): 27-50.

주영주(2005). 면대면과 e-러닝이 만 효과 극대화. KERIS: 에듀넷 가을호 12-15.

주인중·박동열·진미석(2010). 직업기초능력 영역 및 성취기준 연구. 서울: 한국직업능력개발원. 일반과제 보고서.

진동일·김회용(2010). 쓰기 능력 향상을 위한 블렌디드 러닝 모형 개발 및 적용. 교사교육연구 49(1) 49-69.

최애경(2006). 대학생 경력개발을 위한 e-포트폴리오 시스템 구축과 운영에 관한 연구. 상업교육연구 13. 169-192.

최은희·최명숙(2014). 대학생의 학습역량 및 경력개발을 위한 e-포트폴리오 시스템의 설계 및 개발. 교육공학연구 30(3). 493-523.

최정빈·김은경(2015). 공과대학의 Flipped Learning 교수학습 모형 개발 및 교과운영사례. 공학교육연구, 18(2), 77-88.

한안나(2012). 학습포트폴리오를 통한 '학습전략과 진로탐색' 교과목의 개선효과. 교양교육연구 6(1). 241-267.

한춘기(2008). 교사 마스터링. 서울: 생명의 양식.

한형종·임철일·한송이·박진우(2015). 대학 역전학습 온·오프라인 연계 설계전략에 관한 연구. 교육공학연구, 31(1), 1-38.

함영주(2012). 심장을 뛰게하는 가르침의 기술: Hook-Book-Look-Took. 서울: 소망플러스.

허희옥·안미리·김미량·김민경·이옥화·조미헌(2001). 컴퓨터교육방법 탐구(제2판). 서울: 교육과학사.

현유광(2008). 교회교육 길라잡이. 서울: 생명의 양식.

Awana(2017). http://www.awanakorea.net/index.php. 2017년 9월20일 검색.

Barrows, H.S., & Tamblyn, R.M.(1980). Problem based learning: An appraoch to medical education. New York: Springer Publishing Company.

Bauwens, J. & Hourcade, J. J. (1995). Cooperative Teaching: Rebuilding the Schoolhouse for All Students. PRO-ED.

Bergen, D. (1996). Developing the art and science of team teaching. Childhood Education, 70(4): 242-243.

Bergmann, J. & Sams, A. (2012). Flip your classroom: reach every

student in every class every day. Washington, DC: International Society for Technology in Education.

Bersin, J. (2003). The blended learning book : best practices, proven methodologies, and lessons learned. San Francisco, CA : Pfeiffer

John Van Dyk(1996). Cooperative Learning in Christian Perspective: Opening the Dialogue. In Doug Blomberg(ed.), Human Being: Essays Dedicated to Stuart Fowler(Sydney: National Institute for Christian Education). 335-353.

Knowles, M. (1975). Self-direction learning: A guide for learners and teacher. New York, NY: Association Press.

Kolb, D. A.(1984). Learning style inventory: Technical manual. Boston, MA: Mcber.

Marquardt, M. J.(2000). 액션러닝. 최고의 인재를 만드는 기업교육 프로그램(Action learning in action)(봉현철·김종근 역). 서울: 21세기 북스.

Osguthorpe, R. T.& Graham C. R. (2003). Blended learning. environment:Definitions and directions. The Quarterly Review of Distance Education, 4(3), 227-233.

Oxford, L. R.(1993). Style analysis survey(SAS): Assesing your own learning and working styles. In J. M. Reid(Ed.), Learning styles in the ESL/EFL classroom(pp.208-215). Heinle & Heinle Publishers.

Richard, L. O. & Bredfeldt, G. J.(1998). Creative Bible Teaching. Chicago: Moody Press.

Rooney, J. E. (2003). Blended learning opportunities to enhance educational programming and meetings. Association Management, 55(5), 26-32.

Shapline, J. T. & Olds, H. E.(1964). Team Teaching. New York: Harper & Row Publishers.

Singh, H. (2003). Building effective blended learning programs. Educational Technology, 43(6). 51-54.

Spencer, L. M. & Spencer, S. M.(1993). Competence at work: Models for superior performance(1st Ed.) 민병모 외 역(2005). 핵심역량모델의 개발과 활용. 서울: PSI 컨설팅.

Tough, A. (1971). The adult's learning projects. Toronto Ontario: The Ontario institute for studies in education.

Tough, A. (1979). The adult's learning projects: A fresh approach to theory and practice in adult learning. Toronto: Ontario Institute for Studies in Education.

University of Texas at Austin Center for Teaching and Learning (n.d.).
What is the Flipped Classroom? Retrieved November 15, 2015 from https://facultyinnovate.utexas.edu/teaching/flipping-a-class.

University of Washington(2017). CTL(Center for Teaching and Learning)http://www.washington.edu/teaching/teaching-resources/engaging-students-in-learning/flipping-the-classroom/ 2017년 9월 15일 검색

Vygotsky, L. S.(1976). Play-It's role in development and evolution. New york: Basic Books.

Weinert, F. E.(2001). Concept of competence: A conceptual clarification.

In D. S. Rochen & L. H, Salganik(Ed.). Defining and selecting key competencies. Hogrefe & Huber Publishers.

Welty, W. M. (1989). Discussion method teaching. Change: The Magazine of Higher Learning, 21(4), 40-49.

Wilson, D. & Smilanch, E. (2005). The other blended learning. San Francisco, CA: Pfeiffer Publishing.

Zimmerman, B. J. (1990). Self-regulated learning and academic achievement: An overview. Educational Psychologist, 25(1), 3-17.

Zimmerman, B. J. (2000). Attaining self-regulation: A social cognitive perspective. In M. Boekaerts, P. R. Pintrich, & M. Zeidner (Eds.), Handbook of self-regulation(pp.13-29). CA: Academic Press.